すっきりが「持続」します

シンプルライフをめざす
整理 収納
インテリア

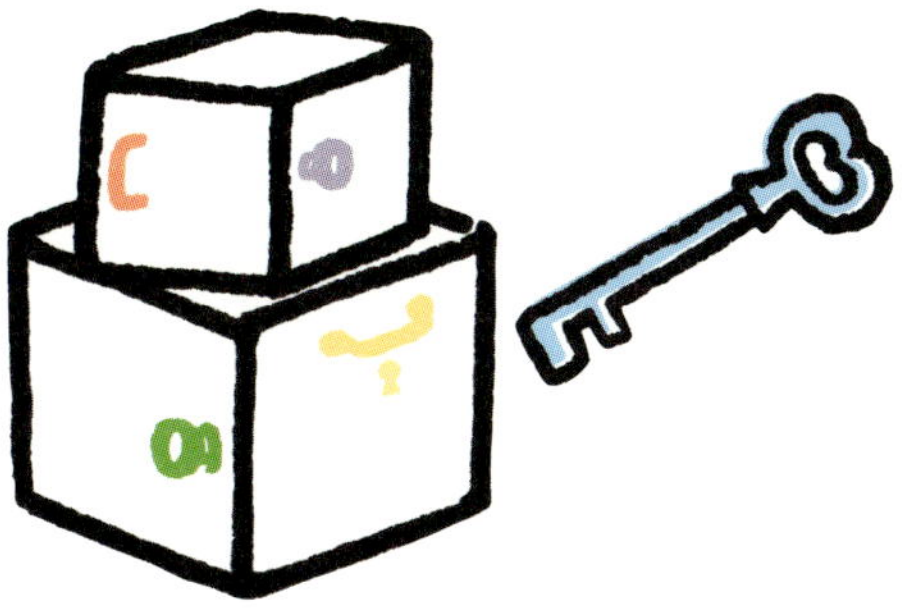

はじめに

なにをどのくらい持ち、どこにどうおさめればよいか――。収納のテクニックの前に大切なのは、家全体の広さ、間取り、収納場所、そしてどう暮らしたいかを見据えて、総合的に考えることです。

この本は、ほんとうに持続する整理、収納の力を身につけるために、与えられた住空間をバランスよく住みこなしていらっしゃる方々に、そのこつや工夫をうかがい、収納のようすを写した写真とともにまとめました。また、機能と美しさを合わせもった家づくりをと願い、心地よいしつらえをつくるインテリアの基礎についても掲載しました。

編集にあたっては『シンプルライフをめざす基本の家事』と同様、「全国友の会」をはじめとする暮らし上手の方々にご協力いただきました。家一軒の持ちものをすべて公開してくださった高尾宏子さんほか、撮影に応じてくださった各地の方々に、心より感謝いたします。

お訪ねするたびに「わが家のあの引き出しをこの方法で片づけてみよう！」とすぐに実験したくなることの連続。そのようすをお伝えしたいと、あらゆる生活空間を写真におさめ、できる限り暮らしの背景も含めて説明を加えていきました。皆さんの創意工夫のあとがご覧いただけると思います。

居心地のよい空間ほど、人の気持ちを楽しませ、癒してくれるものはないでしょう。いつからでもどこからでも、少しずつでも住まいの改革にとりかかってみませんか。この本がお役に立てば幸いです。

二〇〇四年五月　　婦人之友社編集部

＊文中『基本の家事』とあるのは、『シンプルライフをめざす基本の家事』のことです。
＊「全国友の会」は、雑誌『婦人之友』の愛読者から生まれた団体です。現在会員は2万5000人。約250人の方が、家事の本のためのアンケートにご協力くださいました。

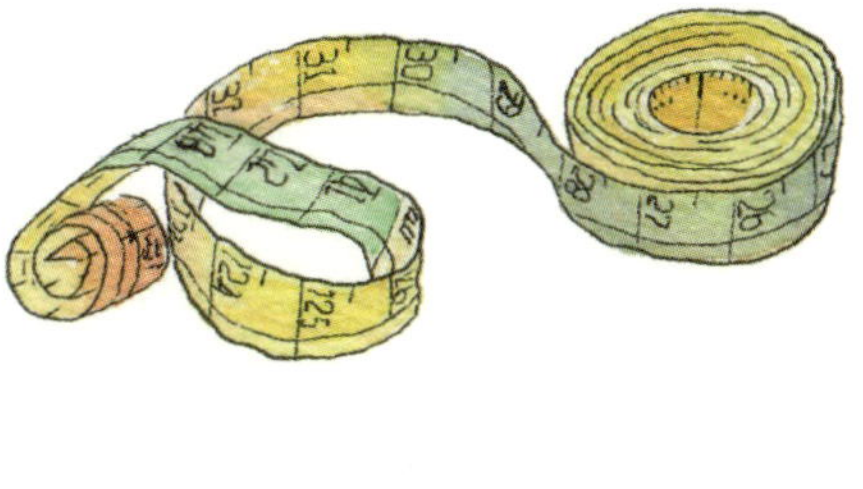

目次 『シンプルライフをめざす 整理 収納 インテリア』

シンプルライフのひとつのかたち
家一軒の全収納マップと持ちもののリスト

達人の家
わが家らしく住みこなす

あなたも整理上手に
部屋別テーマ別実例集
どこからでもいつからでも

「いつ見てもすっきり」のこつと小わざ

シンプルな暮らしのインテリア
考え方と基礎レッスン

索引

置き場所、置き方のヒント

部屋・コーナー

家具と棚

アイディア

インテリア

つくる

基礎知識

「すっきりが持続する」整理、収納の力を身につけましょう

限られた時間だからこそ筋道を立てて

誰でも整理上手になれます

机の隅に山積みの書類、ごたごたのもの入れ……手をつけるまでは面倒ですが、一定の時間をとって、不要なものをとりのぞき、そこにあるべきものがピタッとおさまったときほど気持ちのいいものはありません。この楽しさを何度か経験した人は、もう、整理上手への道を歩きはじめているでしょう。もし今、気になっている場所があれば、この本のたくさんの実例の中からヒントをさがし、さっそく手をつけてみてください。整理に費やした時間や労力は、その後の使い心地の向上で、すぐにとり返せるばかりでなく、心の充足、落ちつきをも得られることを発見するでしょう。

いる？　いらない？「考え中」も大切に

ものの整理の第一歩は、いる、いらないの仕分けからはじまります。学校からのプリントをいつまでとっておくか、3年間着なかった洋服をどうするか……。この作業は先を見通す力や決断力が必要なので、苦手な人も多いでしょう。すぐに判断できなくても、「考え中」の置き場所をもうけて数カ月～半年で見直すと、案外決断がつくものです。天袋やもの置きなどの「開かずの扉」ではなく、しょっちゅう開けたてする棚の中などに目につくようにおくとよいでしょう。（要不要の決め方は『基本の家事』1、6章も参考に）。

一方で、思い出のものや、心のよりどころになる品々を入れる場所、楽しい宝箱置き場も必要ですね（p.29）。

テクニックは学べるもの

かるい力でするすると開く引き出し、よく分類されたラベルのついた棚（p.116）など、ついつい片づけたくなってしまうような収納法があるものです。限られたスペースにいかに大量におさめるか、ではなく、八分目収納を心がけること。出し入れしやすい高さ（p.10）を意識することも、収納をらくにする大前提でしょう。

片づけ上手の方の家で、実際に収納の仕方を見せていただいたり、本や雑誌でいろいろなテクニックを知っておくことは、収納上手への近道です。家族が片づけやすい収納法は、あなたの毎日の家事に大きなプラスになることも忘れずに……。

置き場所のヒントは「人の動き」

自分で考えたものの置き場や収納法が、いっしょに暮らす家族にとってもいいものかどうかはまた別問題。いくらやっても「出しっぱなし」「指定席にもどらない」と嘆く人も多いようです。ふだんの家族のようすをよく見ていると、動きとものの位置がしっくりいっていないことに気づくかもしれません。益子先生（p.30～）も、〝人のふるまいを興味深く観察して、その流れにそってものの置き場を決める〟ことを書いておられます。各自が部屋にもって帰るべきものは中継地点をつくる（p.116）とか、皆が使うリモコンや新聞の指定席をいろいろ試してみる（p.117）など、使う人のくせや特徴に応じた「落ちつきどころ」をさがしてみましょう。

ステップアップを楽しんで

目の前にあるものをどこに置くのがふさわしいのか、どういう方法で収納されると使いよいのか、また、今の置き場がベストな状態かは、暮らしていく中で答えが出る場合も多く、どうしても時間がかかるものです。まして、一度決めた使い勝手のよい場所でも、家族の成長や人数の変化に伴い、不都合になることもあるので、そのつどよりよい場所、方法はさぐりつづけていかなくてはなりません。

つめ切りや耳かきの出しっぱなしをしない置き場所を見つけるのに時間をかけた関矢さん（p.38～）、ワードローブを整えるのに5年かけた加藤さん（p.88）のように、ゆっくりと確実によいシステムをつくってゆきましょう。

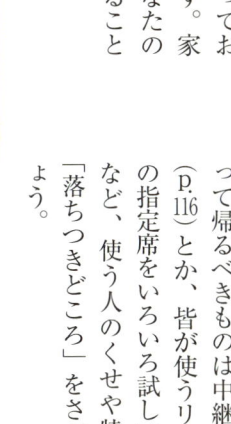

ものの整理は心の整理

［アンケートから］

目に見えるところの整理をしているうちに、心の中の整理もできていく不思議。
暮らし上手の人にきく、整理収納の知恵。

何のために整理するのですか？

「ものの整理は心の整理」と実感。20年後を見据え、身体にやさしい暮らし方を考えて、ものの整理をしていきたいと思う。

窪川洋子（松戸）

羽仁もと子著作集の中の「ご用を待つ」（16巻より『めでたし、恵まるるものよ』）ということばにひきつけられ、自分の身のまわりのものが「ご用を待つ」とはどういうことか、と考えました。衣服は清潔にいつでも着られるように、台所の食器や道具は所定の場所でいつでも使えるように。そう考えて「収納」を考えていくと、必要なものはそんなに多くないと気づきました。下着は毎日洗濯すれば3枚＋1枚あればよい。いろいろなところに応用して考えると「基本的に必要なもの」と「加わるもの」と筋道ができました。「加わるもの」は、生活の変化や家族の成長によって変わるもので、よく考えて選択したいと思います。

岩田通子（流山）

忙しくてもすっきり暮らせるこつはありますか？

ものを少なくすること。ただシンプルにするということでなく、ものを大切に活かすこと。愛着をもって使われるものが、過不足なくある生活が美しいと思う。

的場明子（大分）

最終的には、ものをふやさないことと、ものに指定席をつくること。ものがふえればそれだけ手間がかかるというのは実感です。

矢野豊子（福岡）

①持ち数をふやさない
②置き場所を決める。変えない
③使ったら元にもどす
④一仕事一片づけ
⑤ちょっと掃除（大げさに掃除しない）

金井智子（三木）

どうしたら整理上手になれますか？

「ガラクタのない家」を意識してすっきり暮らすようにすると、よけいな手間や思いわずらいから解放されます。「ものの置き場所が決まっている」と、さがしものをする時間がはぶけます。思い切って処分するときの心の痛みを先延ばしにして、不要になったものを抱えこんでしまうことが多い。たびたび心にかけて整理処分していくしかないと思います。

岩田和子（横浜）

家の中のものがいつも指定席にすわっていること。すっきりしていること。さがしものをしなくてもよいこと。「ちょっと置き」が「さがしもの」にかわります。必ず元の位置にと心がけつつあります。

八百原博子（徳島）

必要なものが必要なだけあればよいと思って生活を営んでいるが、欲望に負けて購入し、活用せぬまま眠らせていたり、明日は食べるだろうととっておいたものを腐らせてしまう…などなど、体験しながら学ぶことの多いのが家事。そういう失敗から工夫や計画が生まれ、どうしたらシンプルライフに近づくか励むことで、家も頭の中も時間も経済もととのってくるから、またおもしろい。

荒木久代（大分）

明日からでも実行できる整理や片づけの秘訣はありませんか？

「いらないものは持たない」「ほしくないものをもらわない努力」。街でやたらにくれる「ただのもの」はもらわない。親しい人にはプレゼントしてくださる心だけをいただくように努力している。

奥本民代（横浜）

リビングにみなが集まるので、子どものもの、家族のものが散らかりがちです。寝る前に「部屋をゼロにして」と声をかけるようにしています。

宇都宮敦子（佐伯）

居間をいつも片づけておくこと（とくに食卓にはなにも置きっぱなしにしない）など、家族共有部分をすっきり片づけるとイライラしないですみます。またそこだけでも掃除機をかけるとおちつきます。

芝田良子（熊本）

どこも目いっぱいに詰めこまないことが大切と思います。指定席をつくり、置き場所を決める。また、自由席もつくっておき、忙しいときちょっと置くところがあればよいと思います。自由席は1週間以内と思っています。

杉山君枝（横浜）

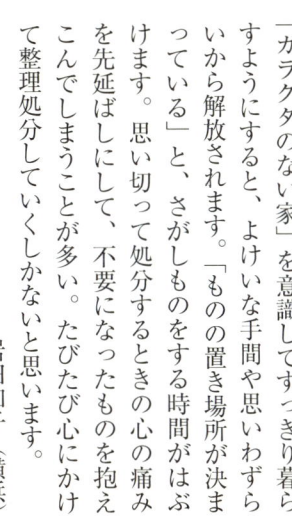

使いよい高さと、ものの置き場所

かがんだり、台にのったりせずにものを出し入れできる高さのことを、「ハンドリングゾーン」とか「ゴールデンゾーン」と言います。身長を155㎝とすると、60～180㎝がそこにあたります。このあたりに、よく使うものをおくのが、収納の原則のひとつです。

●ハンドリングゾーンをさらに細かくみていくと、いちばん出し入れしやすいのは、肘の高さから肩の高さにあたる下図①のゾーン。次が肩の高さから頭の上までの②のゾーン。3番目は手を下に伸ばしたときの肘から指先までの③のゾーン。次が手を上に伸ばしたときの頭の上から指先までの④のゾーン。⑤は体をかがめないと届かないところ、⑥は踏み台に乗らないと、届かないところです。

●①～⑥の順によく使うものをおさめていくのが、「出しやすく、しまいやすい」収納の基本で、さらに重いものは下、軽いものは上、の原則が加わります。

●使いやすい高さは目線の高さの上下にあたり、飾り棚になったり、作業台にも適しているため、家の中で収納として使える場所はとても少ないものです。ここに置くものは、毎日のように出し入れするものを厳選し、下の方は引き出しにする、上の方はケースにまとめるなどして、収納の使い勝手を向上させる工夫をしましょう。

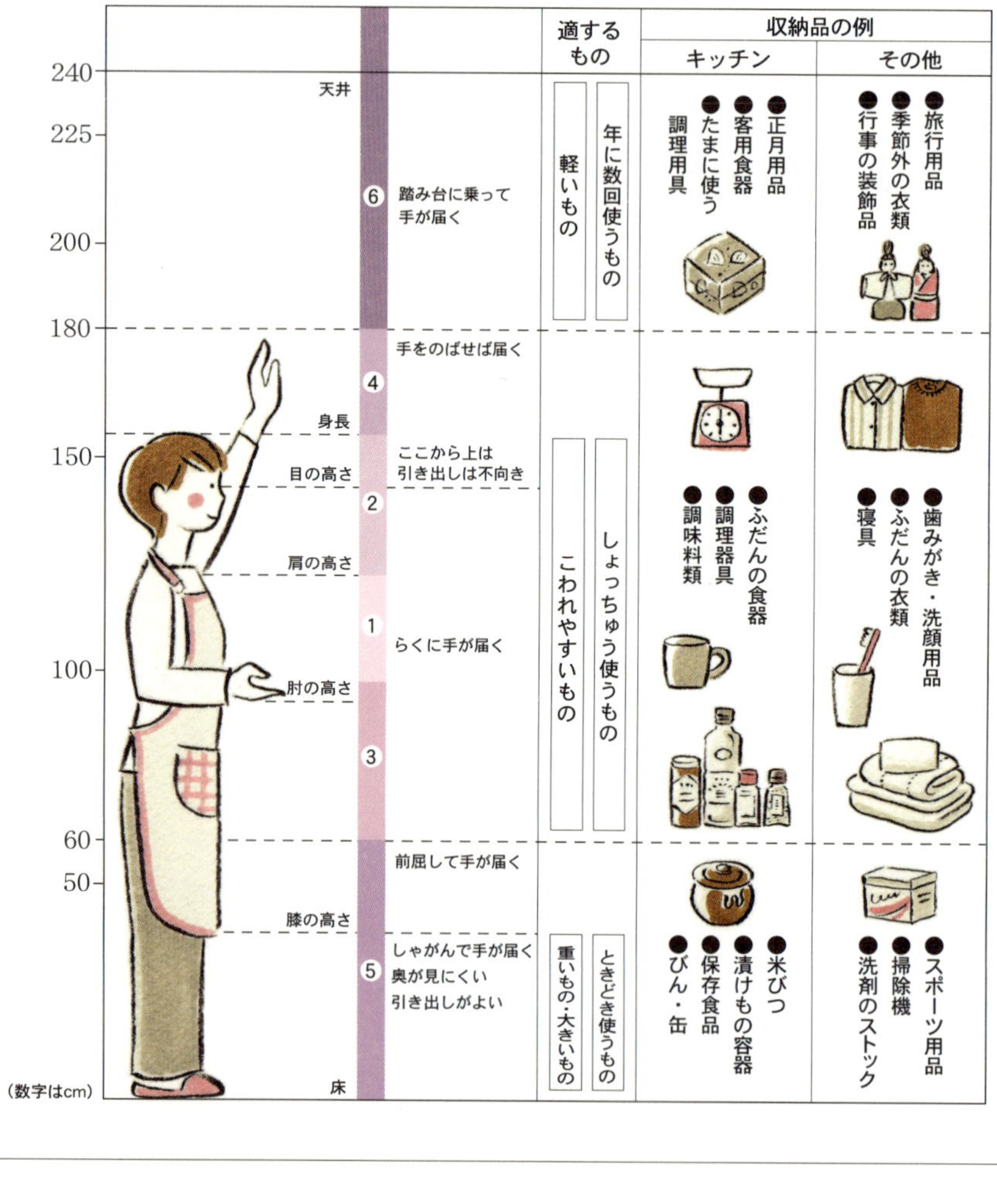

シンプルライフのひとつのかたち

家一軒の全収納マップと持ちもののリスト

3LDK
87㎡

この章の見方

間取り図	最初のページはこの住まいの間取り図。あなたの収納のヒントを探す“宝島の地図”です。家中のおもな収納スペースに、①〜⑧の番号がつけてあり、次の見開きごとにそれぞれの収納の仕方を紹介しています。
ものリスト	各収納部の棚や引き出しを、ABC…と区分して、中に入っているものの概要を、「ものリスト」としてそえました。同じ部屋にある別の家具や、壁に貼ってあるものは、「その他」として掲載しています。
寸法図	各収納スペースの略図には、幅、奥行き、高さを可能な限り記載しました。
持ちもの一覧表	p.33〜p.36に、この家にあるもの、すべての種類と、置き場所、数をリストアップ。
活用法	各部屋のもののおさめ方はもちろん、何度も図面にもどって、家全体の中で、どこにそれが置いてあるかを確かめながら見てください。自分の家で、置き場所に困っているものがどこにあるか探したり、使い勝手のいい入れ方のヒントを見つけたり…宝さがしツアーに出かけたつもりでページを繰っていきましょう!

家族もモノも心地よい
高尾宏子さんの整理と暮らし

家族の誰もがちょうど使いたくなるようなところにものの指定席がある、手順に即した置き方で「一仕事一片づけ」が気分よくできる…。

高尾さんの家は、家具の配置から小さな引き出しの入れ方まで美しく明快にととのっていて、一巡するとどこに何があるかほとんど頭に入ってしまうほど。窓辺に花やグリーンが息づいているように、一つ一つのものが適した居場所を与えられ、生かされています。機能的な整理システムのもと、ものを使いこなす実力と、使うだけでなくその存在をたのしむゆとりがあいまって、高尾さんのシンプルライフが持続しているようです。

さっそく、家の中をご案内しましょう。

ⓐダイニングとキッチン
リビングからダイニング、キッチンとひとつづきのワンルームタイプ。くつろぎの視線をじゃましないためにも、キッチンまわりはいつもすっきりと。

ⓑリビングルーム
学生たちを招いて楽しく食事、ゲームに興じることも。出窓には旅の思い出のモビールやテラスの花。照明の明るさをコントローラーで調節すると雰囲気がかわります。

採種、種まきから手がけたハーブを摘む高尾さん

わが家の収納スタイルができるまで

高尾宏子

この家で暮らし始めたのは、長女が2歳のとき。結婚当初から住んでいた36㎡の賃貸マンションから引っ越しました。初めて部屋に入ったとき、なんと明るくひろびろしたところだろうと感激したことが忘れられません。ベランダには花や野菜を育てたい、リビングは広いまま何にでも使えるようにしておこうと、このとき切に思い、ずっと思いつづけて今にいたっています。

子どもは高校生となり、夫は大学で蛋白質の研究に没頭、私は幼児生活団（＊）に週3～4日、片道一時間半の道のりを通い、三人三様、それぞれ与えられた場で、誰が一番忙しく、充実して元気かを競い合うような、恵まれた

高尾さんの家の間取り

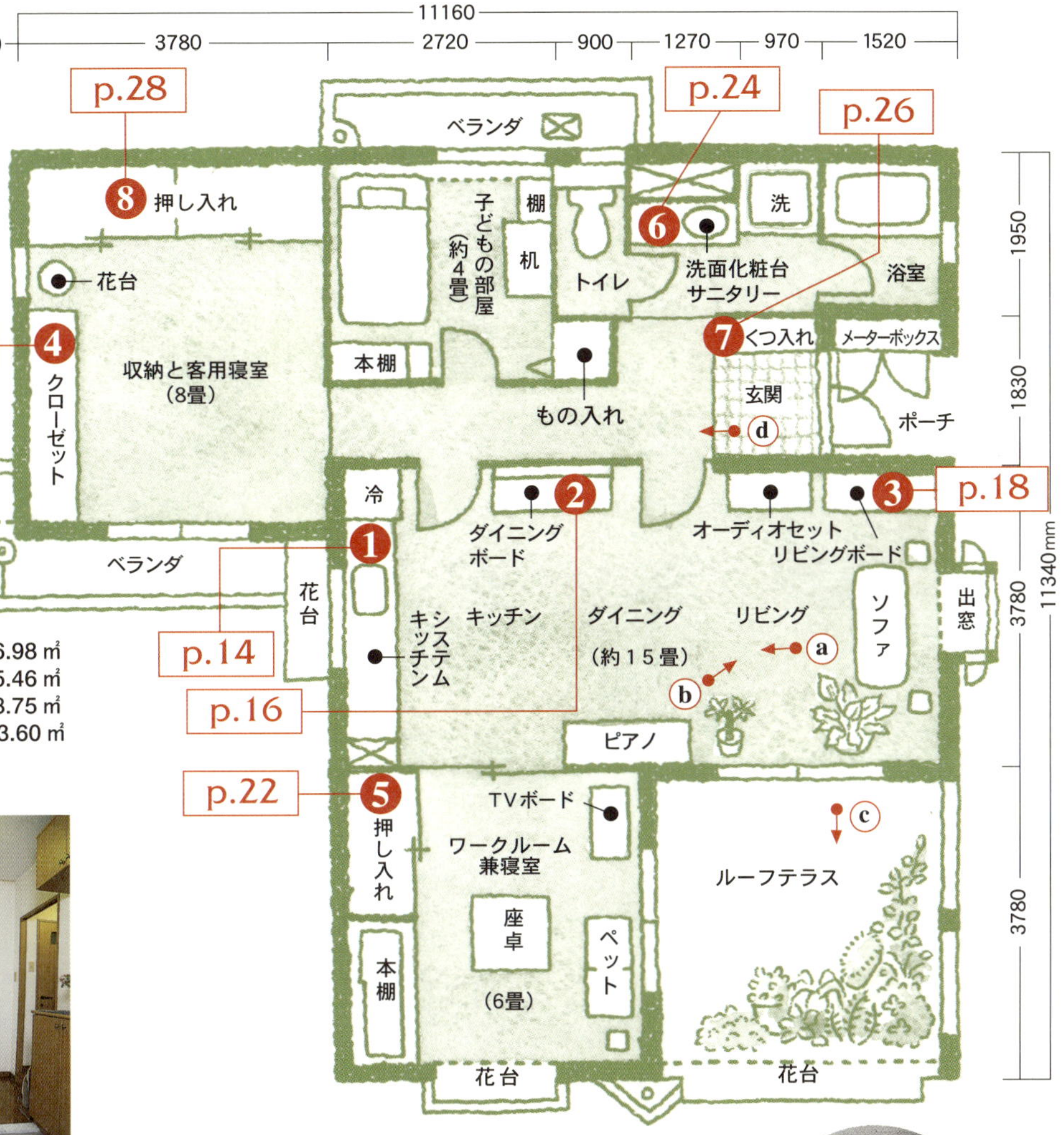

専有面積　86.98㎡
ポーチ　5.46㎡
ベランダ　8.75㎡
ルーフテラス13.60㎡

ⓓ玄関
一歩入ると家中の静謐さが伝わってきます。壁のレリーフには “Home is where the heart is.”（心のあるところ、そこが家庭）のフレーズ。

ⓒルーフテラス
草花が元気に育つルーフテラス。ガーデニングは何よりも好きな家事。

家族の一員のうさぎたち

毎日です。家事はおもに私がしていますが、昼間あまり家に居ることがなく、帰る時間も早いとは言えない状況でもこなしてゆけるのは、片づけに時間がとられないおかげだと思います。

　小さいころ、友だちが見かねて私のおもちゃ箱を片づけて帰ってくれていたほど、整理下手だった私は、学生時代、自由学園で寮生活を送りました。上級生の一人分の荷物が押し入れ半間に美しくおさまっているのをみて、はじめは形をまねするのが精一杯でした。が、いつのまにか、余分なものの少ない生活は、気持ちもすっきりするものだと知り、片づけるのが好きになっていったようです。

　家具は、結婚するとき、壁面を天井まで使うドイツ製のユニット家具（インターリュプケ）をえらびました。（'84年購入）収納力抜群で組み替えも可能。使いやすいところにものの指定席ができると、そこから出したものは必ずもとにもどります。

　大切なことにたっぷり時間を使いたいと思うからこそ、「身のまわりはすっきりと」。「手に負えるだけのものを見定めて」…と思い暮らしているうちに、家の中にあるものの数や場所が、しぜんと決まってきたように思います。

＊高尾さんは、友の会が主催、運営する幼児（4〜6歳）教育の場の指導者。

キッチン

適材適所の収納で料理もパン焼きも楽しんで。

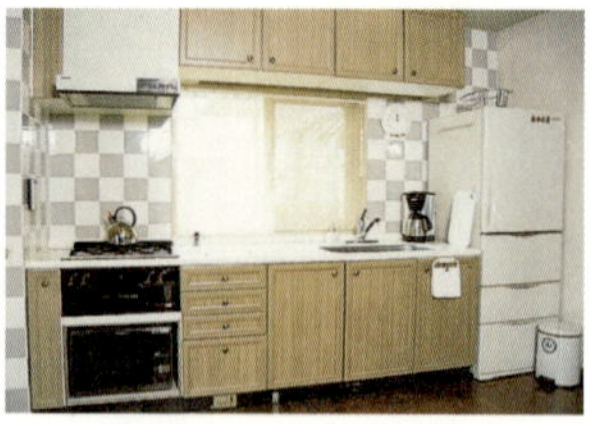

窓ごしにプランターの花が見える明るいオープンキッチン。鍋もお玉も調味料も、音も立てずにすっととり出せる、すっきり収納の見本のような場所です。食事づくりの手順もスムーズでパン焼きやおべんとう用意も流れるようにすすんでいきます。さあ、あなたもこのキッチンに立っているつもりで、写真と「ものリスト」をみてみましょう。どんなところが働きやすいでしょうか。あなたのキッチンにとり入れたいことは……？

K いちばんよく使う調理器具
菜箸、へら、計量スプーン、ピーラー、すりこぎ、栓ぬき、食器用ふきんなど。一区画に詰めこまず、とり出しやすいように。

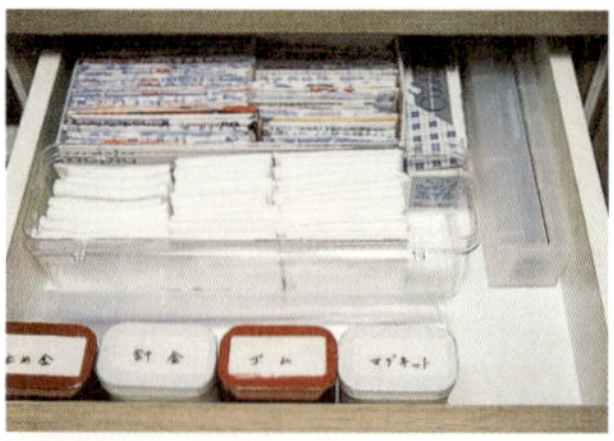

L 調理や包装、ごみ捨てに使う小もの
使い捨て布(中央)、ちらしでつくる生ごみ入れは流しをきれいに保つ助っ人です。ほかにラップ類、マグネット、輪ゴム、とめ金など

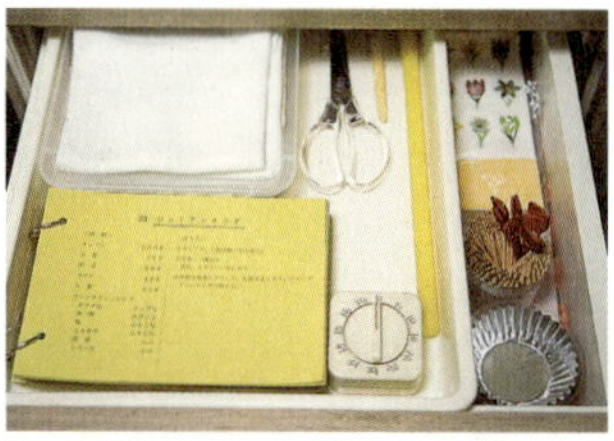

M 2段に分けるトレイつき
上段は毎日のように使うタイマー、はさみ、料理カード、料理用ふきん、温度計。下段はおろし金、まきす、トング、はけなど。

N 小出しの調味料
塩、さとう、酢、油…容器は大小赤白黄、判別しやすくて便利です。大元や買いおきは X とp.16の棚に

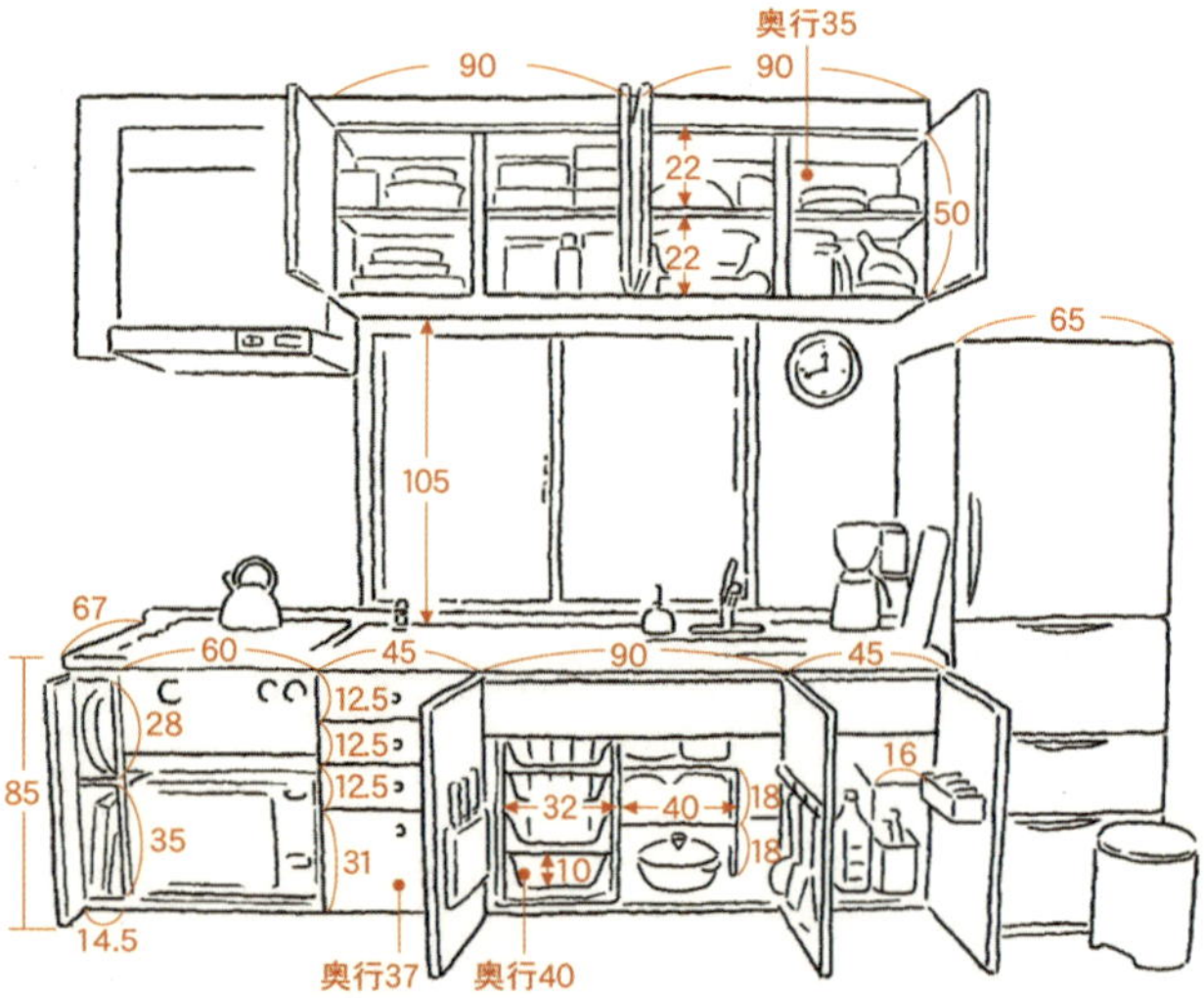

(数字はcm)

システムキッチン（p.13 間取り図 ①）

この段までは手が届き、パン焼きの道具をするりととり出します。
お菓子の道具は、子どもが小さかったころよりは出番が減って、今は最上段に。
圧力鍋は蒸し器としても使っています
A
B
C
D
E
F
G
H
I
J
K
L
M
N
O
P
Q
R
S
T
U
V
W
X
Y
パンこね機能つきのオーブンレンジ。ごはんを炊く気軽さで週に2回パンを焼いています。
お鍋は母の代から使いこんでいる3つとフライパン。重ねず並べる。これだけで10人分の来客料理もこなせます。
吸盤式タオルかけをつけてふきんかけに
ダストボックスは動かしやすい小ぶりのもの(径25×36cm)。いっぱいになったらベランダのごみ置き場へ。

キッチン　ものリスト

- A パン型　ケーキ型　ミンチ機
- B パン焼き用　帆布 天板 麺棒など
- C お菓子づくり用　クッキー型　タルト型　マドレーヌ型　敷き紙など
- D ジューサーミキサー ミルサー　粉ふるい　はかり
- E ボウル 大型密閉容器 ミルクパン
- F カセットコンロ ボンベ 土鍋
- G ふたつき竹かご 密閉容器など
- H 圧力鍋 グラタン用器など
- I 籐かご　パンかごなど
- J お盆類
- K L M N （右ページに記載）
- O 包丁 ペティナイフなど
- P おべんとう箱
- Q 泡立て器　バット　網など
- R ボウル　ざる　耐熱皿 落としぶたなど
- S 保存容器 レモン絞り すり鉢など
- T 深型フライパン　両手鍋　片手鍋　パンこね用具など
- U 水筒　油こしなど
- V フライ返し 玉じゃくしなど
- W 漂白剤（まな板用） 固形石けんなど
- X 大元調味料（ボトル入り）
- Y レジ袋（三角たたみでコンパクトに）

その他

[冷蔵庫近辺] 水切りかご マグネット まな板　ふきんかけ　時計　コーヒーメーカー　タオル（開き右端の扉）液体石けん　アクリルたわし（流しの内側）
[ガス台付近] やかん 鍋つかみ

ダイニングボードと食卓

家の中心で収納力を発揮。食品ストッカーや家庭事務コーナーにも。

食器と食品ストックがおさめられているダイニングボード。中央のオープン棚はディスプレイコーナー。ガラス扉の中にはふだん使いの食器を。白い扉の中はときどき使う食器とお茶、コーヒーなど。見せる場所、かくす場所の使い分けが絶妙のバランスです。大勢が集まるときにはテーブルをたたみ（写真上）、すっきり広々。カレンダーや時刻表などはリビング側からは見えないように、左側面のコルクボードにとめています。

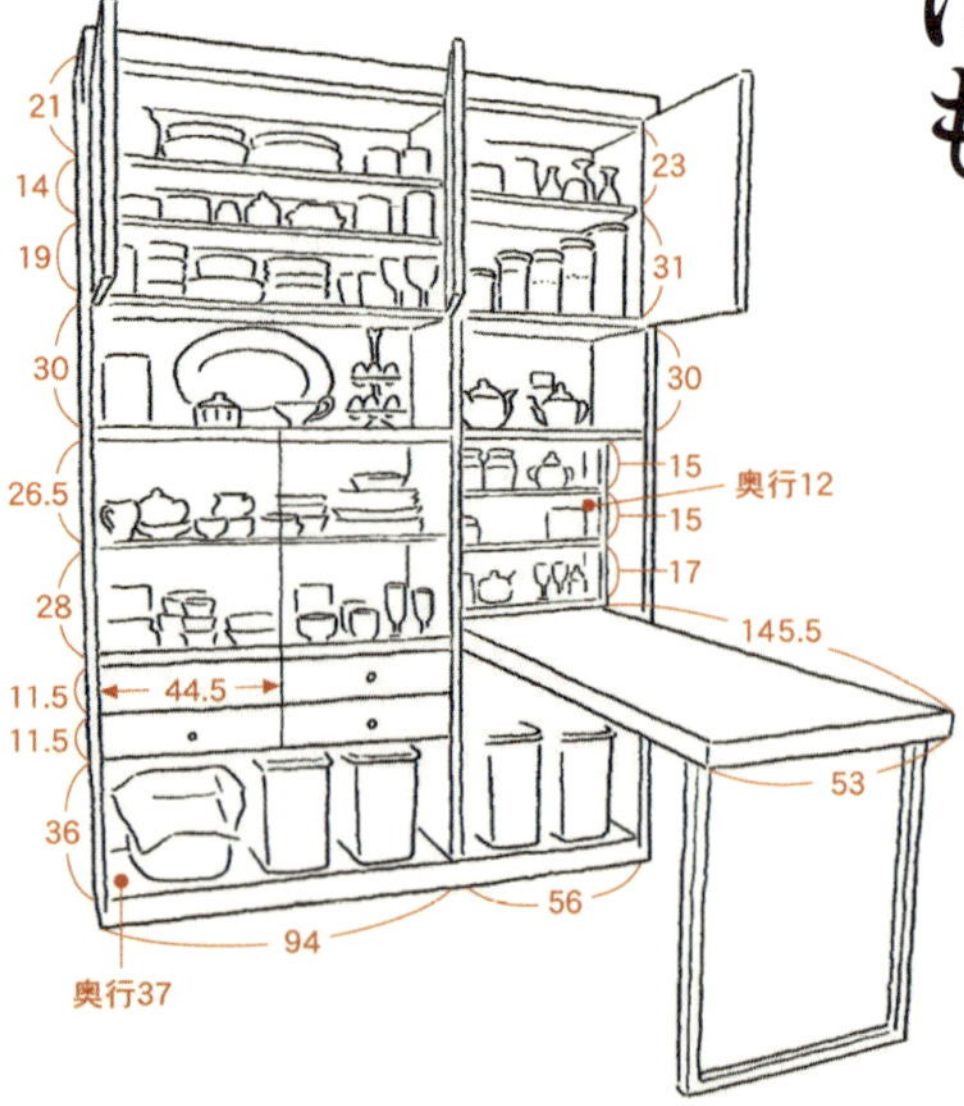

（数字はcm）

G 家計簿つけは食卓で
家計簿、日記類は重ねて右に。計算機、はさみ、鉛筆などよく使うものを缶のふたにひと並べして上にのせ、下段にマジックペン、ホッチキス、ピンなどを。

H 毎日おべんとうを持って出かけます
右におべんとう包みと箸。左にランチョンマット。一区画の幅、奥行きに合わせてたたみます。

I ふだん使いのカトラリー
箸、箸置き、ナイフ、フォーク、スプーンなど３人分を基本に。

J 来客用のカトラリー
小スプーンはグレープフルーツ用、デザート用など、いろいろそろえています。ティータイムに使うサーバー、マドラーもここに。

ダイニングボードと食卓（p.13 間取り図②）

A
B
C
D
E
F
G
H
I
J
K
L
M
N
O
P
Q
使う頻度の少ない食器。
季節によって飾る食器をかえます。
ふだんよく使う食器はこの２段（上に洋、下に和・中）。１種類ずつ重ね、いつも同じ場所に置きます。
半透明の容器に入れると残りが一目瞭然。各種のお茶、コーヒー、パスタをここに。
食卓から手が届くので、お茶やコーヒー用のシュガーポット、テーブルソルトなどを。小さな一輪ざしを置くことも。

ダイニングボード ものリスト

- A 大皿　ガラス鉢　サラダボウルなど
- B 茶碗　汁椀　急須　湯のみ　茶托など
- C 中皿　ガラス皿　茶碗蒸し用器　ガラスコップ　ワイングラスなど
- D 大皿　レリーフ　卵スタンドなど
- E 大皿　スープ皿　マグカップ　ティーカップ・ソーサー　ミルク入れ　ガラスコップなど
- F 茶碗　汁椀　湯のみ　角皿　平皿　中鉢　小皿　ガラス鉢　そばちょこなど

- GHIJ 右ページに記載
- K 炊飯器　角型容器（写真右）
- L 手描きマグカップ　思い出の食器など
- M パスタ　お茶　コーヒー　麦茶
- N ティーポット　コーヒーポット　ピッチャー　エアコン用リモコン
- O ハーブオイル　にんにくポット
- P 茶　茶葉用スプーン　キャンディーポット
- Q 砂糖つぼ　ミルク入れ　卓上塩・こしょう

その他

食卓椅子　掲示ボード
［ダイニングボードの後ろ］（＊）
カメラ三脚　ほうき　ちりとり　障子
消火器　伸縮ポール
＊梁の厚み15cmを利用して左右に扉をつけ、収納スペースに

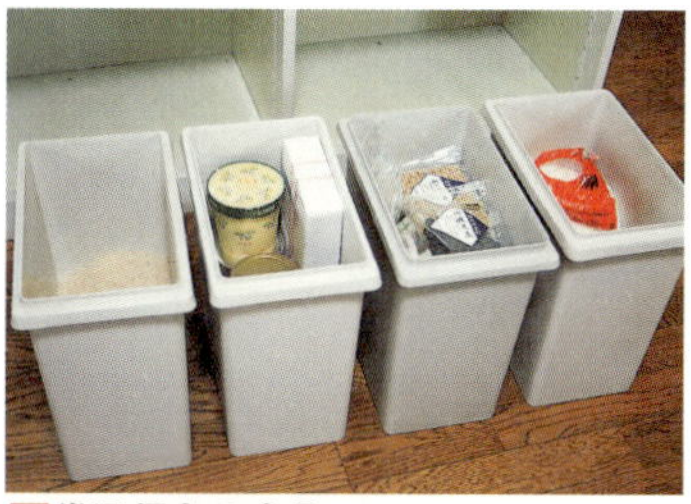

K 常温保存の食品
左から米、お菓子、乾物・海苔、粉・砂糖。こまめに買いものをするので、買いおきはここに入るだけに。角型密閉容器19×32×34cm

リビング

音楽を聴いたり、くつろいだり、もてなしたり…。花とグリーンが絶えずある空間。

キッチン、ダイニングにつづく東側のスペースが高尾家のくつろぎともてなしの場所です。ふだんは上の写真のように床を広くあけていますが、お客様のときは左写真のようなテーブルが出現。おもてなしの場に早変わりします。このスペースをさらに心地よい空間にしているのが、左ページのリビングボード。旅行の思い出や大好きな食器がガラス棚に美しく並び、手近に置きたいものは扉つき収納に、使いやすくおさめられています。

洗面所の引き戸をはずして脚代わりの収納ワゴン（p.23LM）にのせ、クロスをかけてテーブルに。奥に見えるスパシィフィラムは結婚祝いにいただいたもの。何度か鉢替えをし、立派な大鉢になりました。

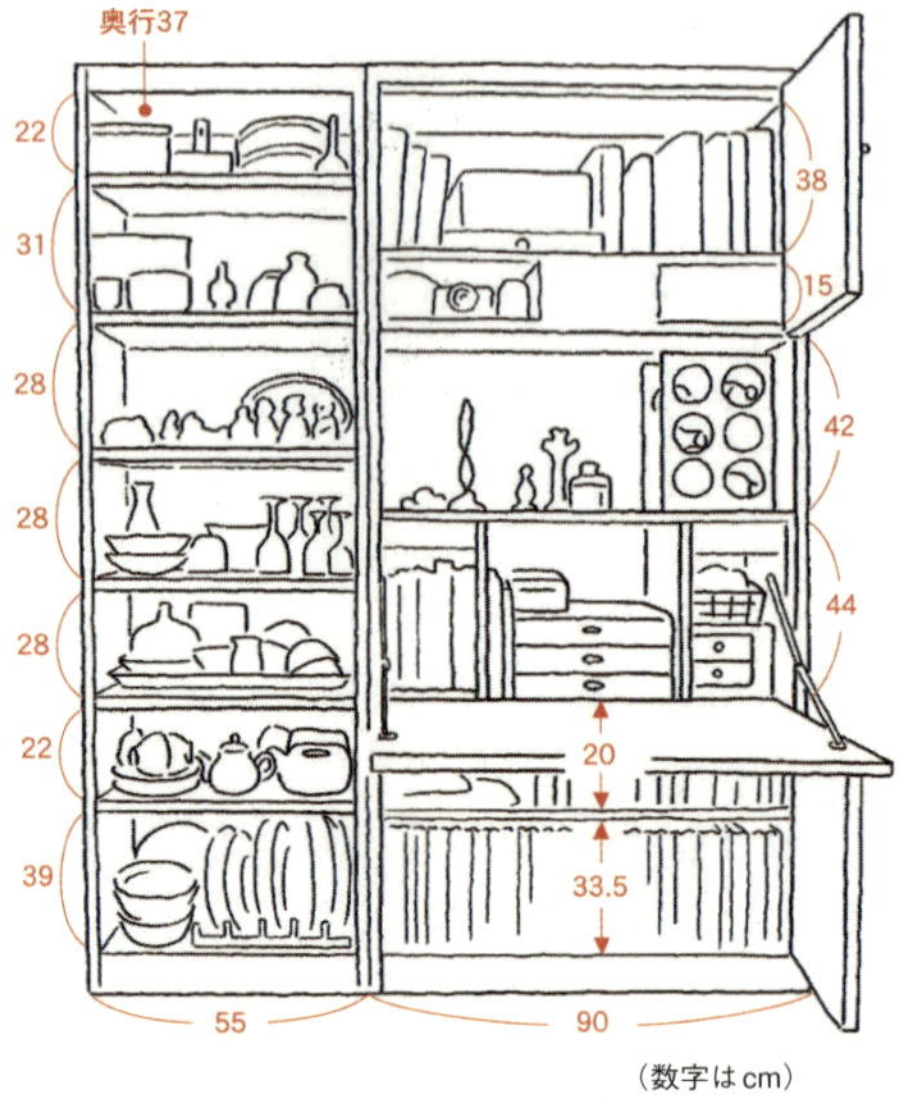

（数字はcm）

置き場所さがしは楽しい時間

結婚当初にそろえた食器類は、白無地の和洋中兼用で使えるセット（6ピースずつ）と、和食用にあっさりした柄の茶碗や湯のみ、中皿、急須などのひとそろいで、文字通り毎日使いました。少し欠けて処分し、減ったものもあるのですが、旅先で記念にその地方の器を家族人数分、買うのも楽しみで、思い出とともに食器が増えてきました。積み重ねたり、押しこんで無理して収納してしまうのは、せっかく気に入って買う食器にも気の毒ですし、見た目も雑然とするのでしたくありません。

買うと決めるには、置き場所があるか、本当に必要か、ずっと長く気に入る品かとずいぶん考えます。それでも買ったなら、どこに置くのがいちばん落ち着いて見えるだろうかと、家に居る日にあちこち見まわし、ときには棚全部を出して並べ替え、新しいものの指定席を見つけるまで出したり並べたりします。

食器に限らず、ものが美しく見えるように、置き場所を考えてあれこれ動かしているときが、私にはとても楽しい時間。忙しい中でそういう時間がとれたときは、とても幸せな気持ちになります。

（高尾）

リビングボード（p.13 間取り図③）

漆器、焼きもの、小さな人形、ガラス製品など、似たものを同じ場所におさめます。

お客様とのティータイムは心地よいひととき。飽きのこないシンプルな磁器のティーセットを何種類かそろえておくと重宝します。

盛り合わせ用の大皿は、立ててとり出しやすく。

左の棚は引っ越しの際に衣裳だんすの扉を替えて飾り棚にしたもの。

右の収納棚は夫のコーナー。趣味のレコード、カメラや仕事の書類など。夫自身もものを増やさないように心がけているようです。仕事上の本などは研究室に置いています。

左の飾り棚 ものリスト

- A 菓子盆　塗り椀　重箱　ろうそくなど
- B お茶道具一式　菓子皿　酒器など
- C 置きもの　ミニフォトフレームなど
- D ワイングラス類　ガラス皿など
- E ティーカップ・ソーサー　デミタスカップ・ソーサー　ケーキ皿　ポットなど
- F コーヒーカップ・ソーサー　ポットなど
- G 大皿　中皿　中鉢　丸盆など

右の収納棚 ものリスト

- H 書籍　アルバム　コレクションボックスなど
- I ヘッドフォン　カメラ用品など
- J ワイン　置きものなど
- K ファイル　書類　デジタルカメラなど
- L CD　ビデオ・カセットテープ　譜面台など
- M レコード　楽譜

その他

ソファ　クッション　ピアノ　椅子　ライト
メトロノーム　オルゴール　人形
オーディオセット　電話　鉢もの　装飾品

クローゼット

トレイやかごを使い分け、衣類整理が楽しくなる機能的な一括収納。

高尾さんのクローゼットが美しいのはすべてのものがよく手入れされて、「いつでもどうぞ」と待っている状態だからでしょう。右の2段のパイプは夫の衣類、左の開きはおもに妻の衣類。中央の棚は、よく着るセーターやかばんが目の高さでえらべ、その下はトレイや引き出し、かごを組みこんで、奥まで使いやすくなっています。

引き出し式収納は３種類

浅い引き出し

白い５つの引き出しには、ネクタイピンやキーホルダーなどの小ものと、妻の下着やくつ下など細かいものを。写真はK③

深いかご

下方のかごには、おもにかさばるもの。バスタオルやパジャマなど、大きくたたんで立てて並べます。夫の下着のように、同じアイテムを順に使うものは、種類ごとに重ねていれます。G①

引き出せるトレイ

トレイにはシャツの衿の部分をずらしてひと並べ。アイロンをかけて収納します（F②）。セーター、ニットなど形をくずしたくないものもここに。
夫は職業柄、ジャケット、スラックス、ボタンダウンシャツというスタイルで通勤。

Dいちばん下の引き出しには妻のふだん使わないものを。アクセサリーは箱や布袋に入れ、スカーフ類は箱の幅に合わせてたたみ、大小のふろしきは ずらして並べています。

ネックレス　ブローチ
オペラグラス
記念の品など

スカーフ　マフラー
手袋など

ふろしき　巾着
など

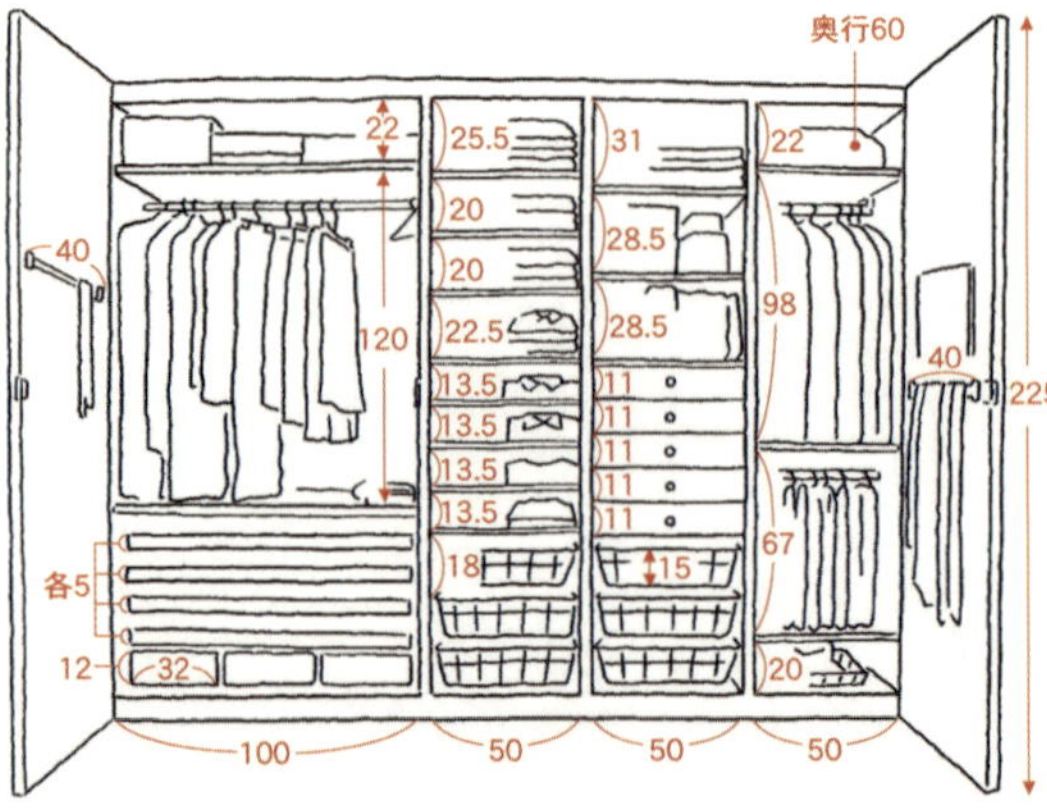

（数字はcm）

クローゼット（p.13 間取り図④）

着終わった服はもとの場所にもどすので、並び方はかわりません。

オープン棚は奥行き60㎝なので、手前と奥の2列に並べて。上の方は季節外のもの。

夫の背広のそばに洋服ブラシを。

和服用の浅い引き出しも組みこみ、母からゆずられた着ものが入っています。

ここはトレイ収納スペース（右参照）

棚板の間隔は背広、ズボン、それぞれの丈にぴったり合わせてむだなく。

持ち数は夫86点、妻83点。そのうちには独身時代からの愛用品も。（p.35一覧表参照）

クローゼット ものリスト

A 和装小もの　娘七五三のものなど
B 妻コート（含夫のコート）スーツ
　スカート　パンツなど（含喪服）
　アクセサリー　腕時計など（右下の小もの入れと扉裏に）
C 妻　着もの　帯など（含喪服）
　その他小もの　娘の七五三、お宮参りのものなど（3段目の手前にベルト）
D 右ページに記載
E ①妻娘　セーターなど
　②夫　セーター　カーディガンなど
　③④夫妻　セーター　トレーナーなど
F ①②夫　ワイシャツ　シャツなど
　③④妻　ブラウス　セーターなど
G ①夫　下着類（含出張用2組）
　ハンカチ　くつ下
　②夫家着　シャツ　ベストなど
　③妻家着　ブラウス　セーター
　パンツ　エプロンなど
H 夫妻娘　季節外衣類
I 妻　ハンドバッグ　礼装用バッグなど
J 妻　手さげ　ふだんのバッグなど
K ①夫　ネクタイピン　カフスボタン
　腕時計　財布　キーホルダー　パスポート　サングラス　娘からの手紙など
　②妻　ハンカチ　ナプキンなど
　③妻　インナー　ショーツなど
　④妻　ソックス　ストッキングなど
　⑤共用小もの　小袋　旅行用ポーチなど
L ①エプロン類
　②パジャマ類
　③来客用タオル　バスタオルなど
M 夫　かばん大中小
N 夫　スーツ（含喪服）ブレザー　ハーフコートなど　洋服ブラシ
O 夫　ズボン
P 夫　スーツカバー　ハンガーなど
Q 夫　ネクタイ（含正装用）ベルト
　ズボンつり

その他

花台に観葉植物　折りたたみ式もの置き台
かもい用コートかけ　時計

ワークルーム兼寝室

手紙書き、ミシンかけ、うさぎの世話…多目的に使う部屋だからきっちり整理。

キッチンに隣接する南向きの6畳間。家庭事務、手紙書き、持ち帰り仕事など、小さな座卓の脇にワゴンを出してきて作業をします。冬は床暖房で暖かく、うさぎたちのようすも見えます。震災を経験してから、背の高い家具のないこの部屋が寝室に。

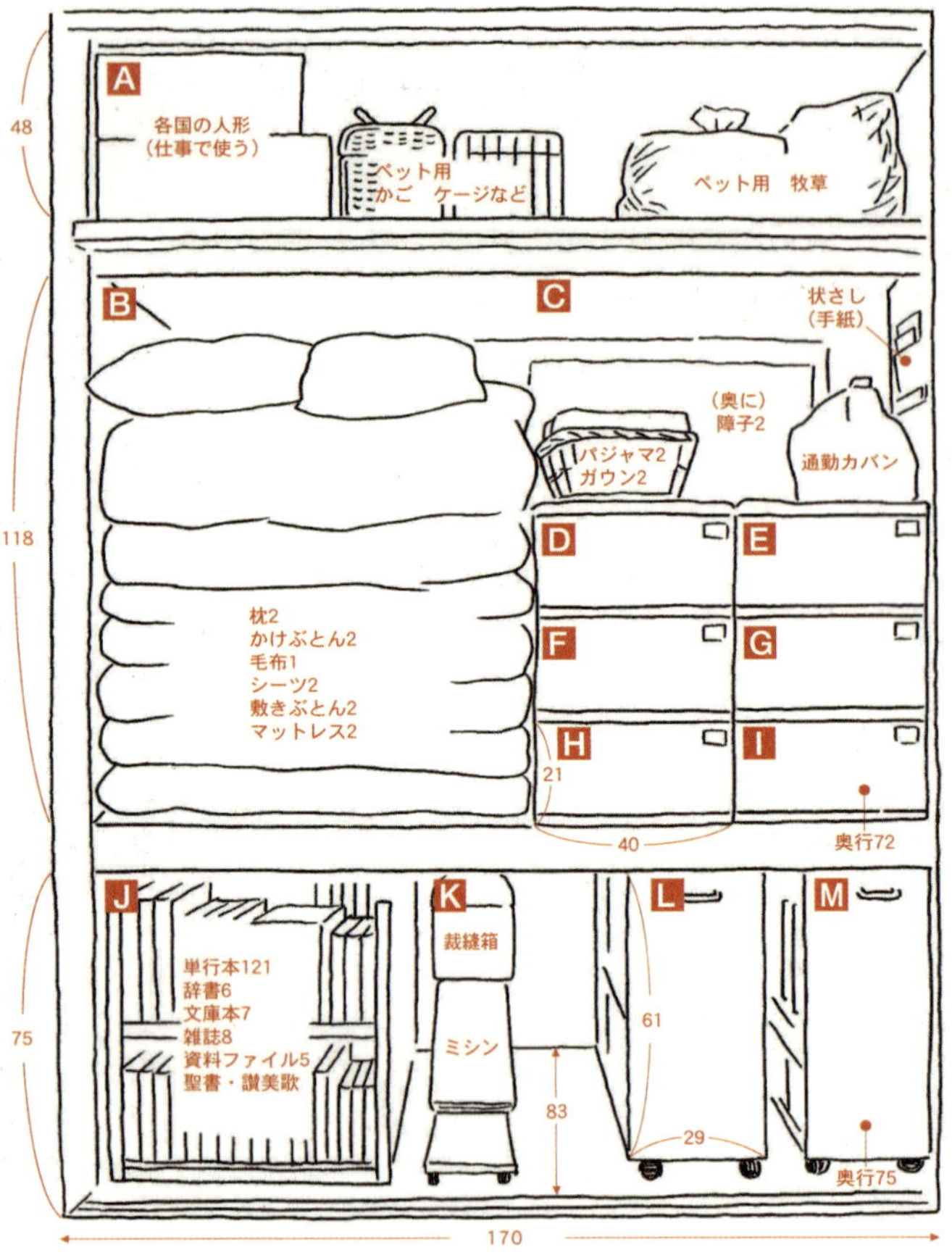

A
各国の人形（仕事で使う）
ペット用かご　ケージなど
ペット用　牧草
B
C
状さし（手紙）
（奥に）障子2
パジャマ2
ガウン2
通勤カバン
枕2
かけぶとん2
毛布1
シーツ2
敷きぶとん2
マットレス2
D
E
F
G
H
I
21
40
奥行72
J
単行本121
辞書6
文庫本7
雑誌8
資料ファイル5
聖書・讃美歌
K
裁縫箱
ミシン
83
L
61
29
M
奥行75
48
118
75
170

（数字はcm）

本棚 160×43×94cm

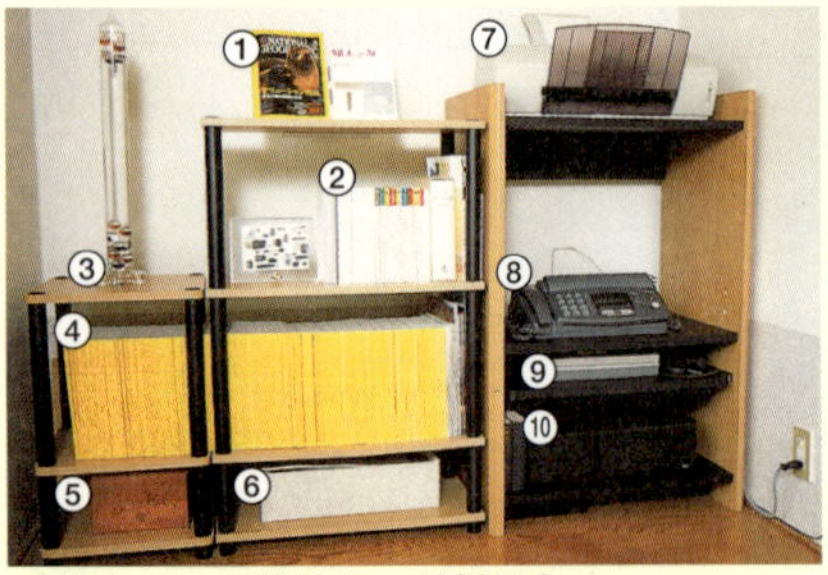

愛読している雑誌は、最新号を立てて表紙絵や写真を楽しみます

①雑誌最新号　②婦人之友　本　辞書　③ガリレオの温度計　④ナショナルジオグラフィック　⑤文箱　⑥ファックス用紙　住所録　⑦プリンターと付属品　⑧電話／ファックス　⑨ノートパソコン　⑩印刷用紙　診察券　書類など

テレビボード 87×45×46cm

テレビは、使用頻度と置き場所を考えてパソコン兼用ディスプレイで

ディスプレイ（テレビ兼パソコン）ビデオデッキ ゲーム機
①ビデオテープ　DVD　リモコン
②今日の新聞　時刻表　③書類
（今月中にすることも②の引き出しに）

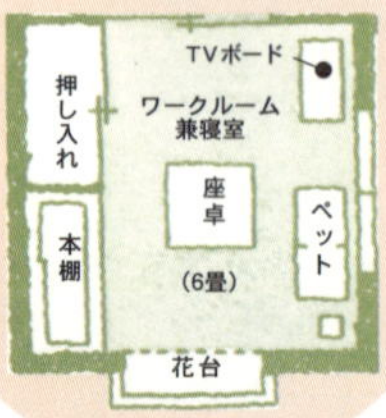

TVボード
ワークルーム兼寝室
押し入れ
座卓
本棚
ペット
（6畳）
花台

全収納マップと持ちものリスト

押し入れ（p.13 間取り図 ⑤）

資料ファイル、ポーチ、文房具など七つ道具が常駐。

引き出し式収納で深い奥行きを便利に使用

スペースに合わせてスチール材で制作。奥の本はとなりのキャスターをずらして横からすっととり出す。左右に余裕を残すことが使いやすさの秘訣。

ミシンはキャスターつきの台にのせる

細々した必需品を引き出しに

押し入れ用の引き出しは21cmとやや深め。細かいものが動いたり詰めこみすぎないように箱やケースで仕切っています。

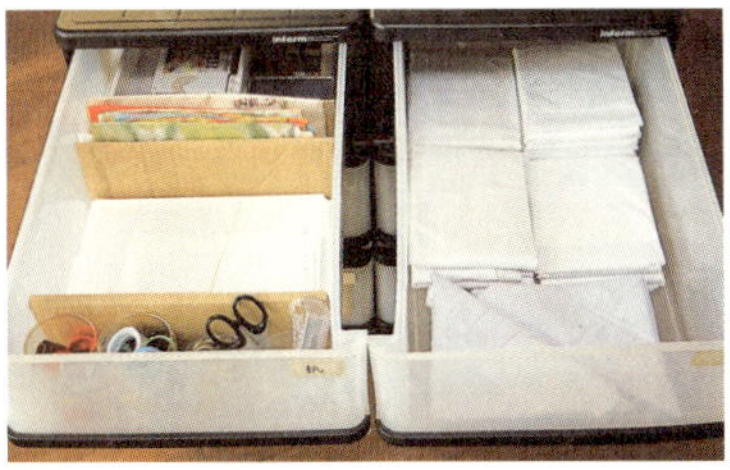

D荷造り・包装品
リボン　荷造りひも　はさみ　カッター　ボール紙　のし紙　千代紙　ステンシル　絵の具　クレパスなど

Eペットシーツ
50枚（1単位）までここに入る

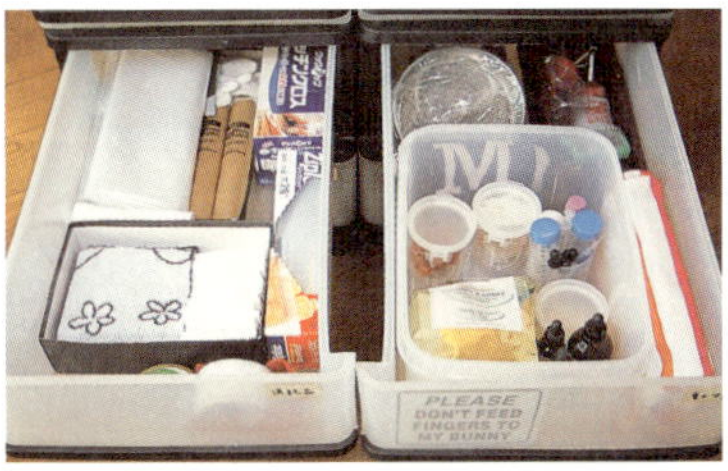

F消耗品
テープ類　使い捨て布　ラップ　フリーザーパック　プラスティックカップなど

Gうさぎ用品
えさ　スポイト　ケージ用カバー　ふるい　ブラシ　水飲み容器など

H大工道具ほか
大工用品　ボンド　家具部品　電球　蛍光灯　延長コード　電池　充電器　針金　フック　たねなど

I古い紙
（古新聞紙はペット用に使うので1枚ずつ二つ折りに）

ペットコーナー（p.27に掲載）

その他
座卓（80×80cm）

Lワゴン

アイロン用品をまとめて。要アイロンの衣類も入れておき、食卓に運んでかけます。

① うさぎ体重計　セロハンテープ
② アイロン道具一式
③ 紙袋
④ 包装紙　　貯金箱など

Mワゴン

仕事に必要な書類や道具一式をここにまとめ、専用デスク代わりに毎日引き出して使います。

① 仕事用資料（ファイル・名簿など）
② 電話帳　③文房具　毛筆セット
④ 手工芸品（制作中）通信用品
　カタログなど
⑤ 学校関係のプリント
　ニュースレターなど

サニタリー

洗面台がいつもすっきりの秘訣は？

ふだんのそうじや洗濯は、粉せっけんと重曹が主役。強力な汚れ落としや部分洗い剤などは持っていません。化粧品の種類も、消耗品の予備も最少限。「何にでも使える基本的なものを種類少なく持つ」。この考え方が家中の家事をシンプルにしています。

洗面化粧台（p.13 間取り図⑥）

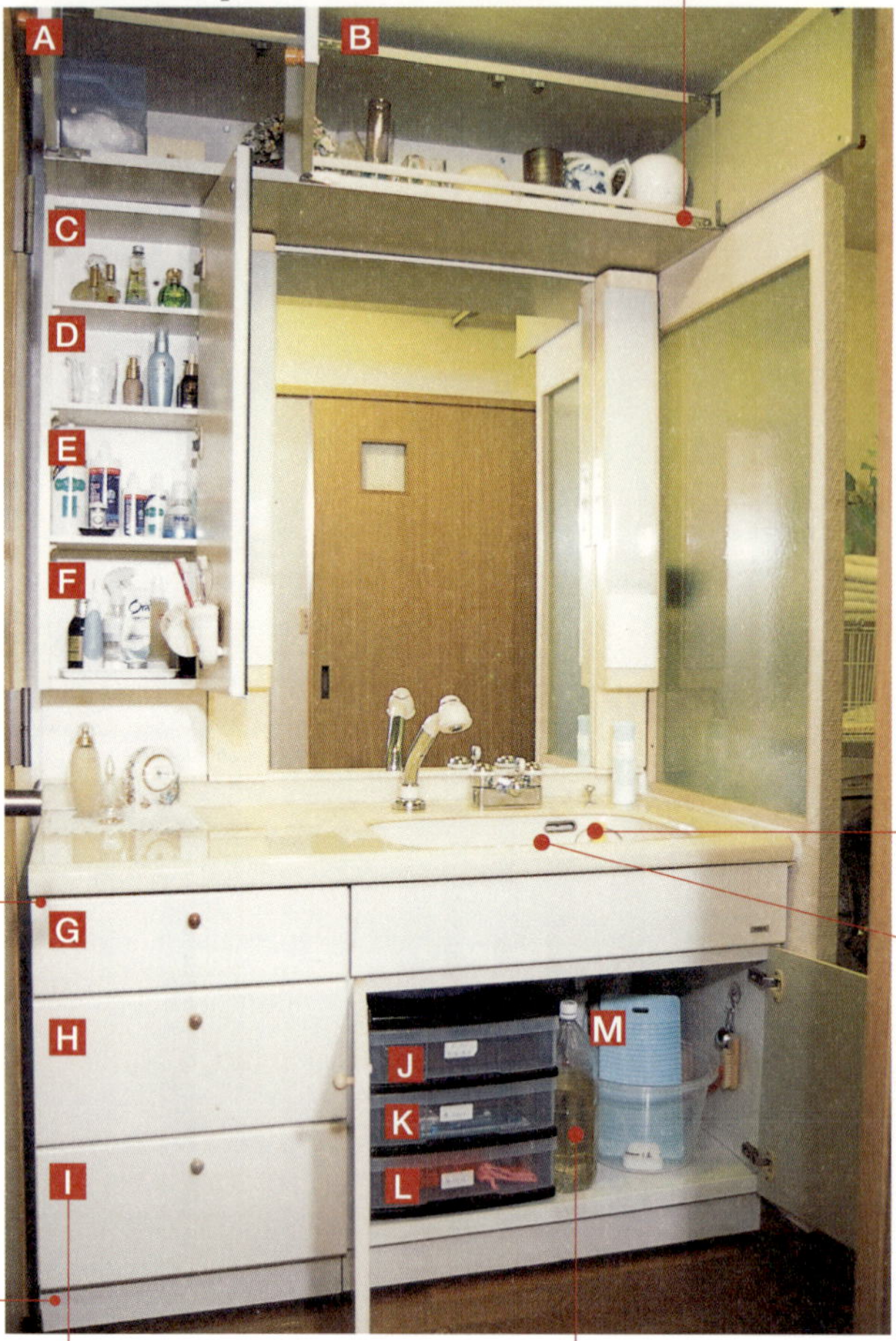
A
B
C
D
E
F
G
H
I
J
K
L
M
つっぱり棒で中の花びんの落下を防止
石けんはシンクの中に吸盤で設置
ガーゼつき絆創膏、湿布薬など、救急用品はここに
CMCの粉末をとかした原液を2リットルのペットボトルにまとめづくり。気軽にのりづけできます
大きなたらいは持たずに、洗濯の手洗いは洗面台で

洗面化粧台 ものリスト

- A ミニポット　洗濯のり
- B 花びん　置きもの
- C 香水
- D 化粧品　綿棒
- E コンタクトレンズ用液　ケース
- F 歯ブラシ　コップ　歯みがき粉　ヘアケア用品　ひげそりなど

- M バケツ　洗濯板　計量スプーン　洗濯ブラシ　重曹　中性洗剤　洗濯のり　体重計

その他

［洗面台］時計　石けん　つめブラシ　香水　アクセサリーボトル　洗顔パウダー

［タオルかけ］タオル　シャワーキャップ

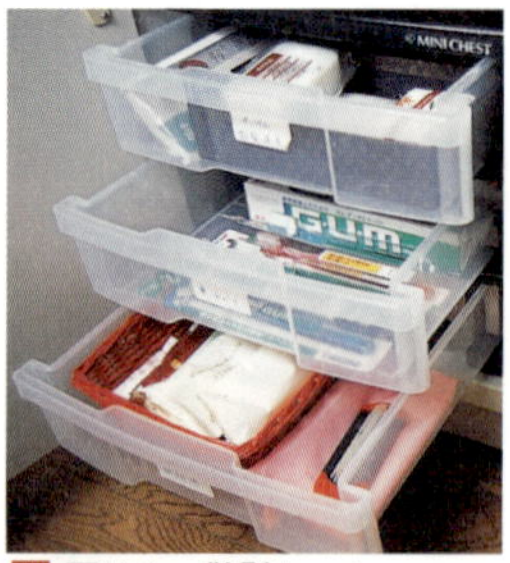

- J 石けん　散髪セット　コットン
- K 歯ブラシ　歯みがき粉　客用歯ブラシ
- L 旅行用（シャンプー　リンス　シャワーキャップ　歯ブラシ　ヘアブラシ　コットン）

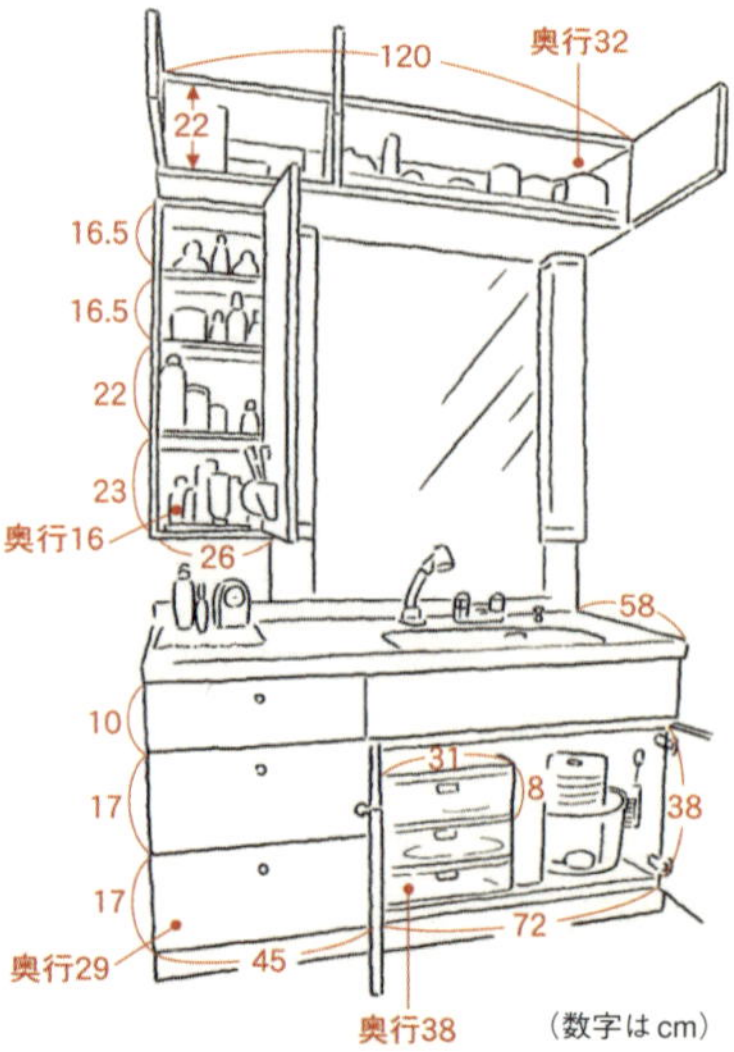
120
奥行32
22
16.5
16.5
22
23
奥行16
26
58
10
17
17
31
8
38
72
45
奥行29
奥行38

（数字はcm）

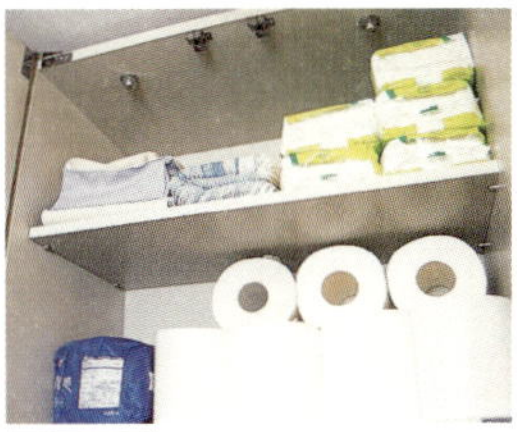

トイレ

ペーパーの在庫は12ロールまで。
棚はあき気味でちょうどよい。

スリッパ　タオル　トイレットペーパー
トイレブラシ　衛生ボックス
[飾り棚] マリモ　ポトス
重曹（脱臭用）など
[吊り戸棚（写真上）]（53×46×38cm）
タオル　ティッシュ詰替
トイレットペーパー　衛生品など

浴室

必需品が少なく、これだけでたります。

洗面器　ふろ用いす　石けん　シャンプー　リンス　ヘアブラシ　洗顔クリーム　かかとみがき　かみそりなど

洗濯コーナー

コンパクトな乾燥機能つき洗濯機。ふだんは洗いだけですが、いざというときのために…。ラックのタオルはなるべく白と決めています。

洗濯機 ランドリーバスケット　バスマット
[洗濯機右側] 粉石けん　洗濯ネット　洗濯用歯ブラシ　ナイロンネット
[ラック] バスタオル　タオル　入浴剤など
[その他] 小ダストボックス

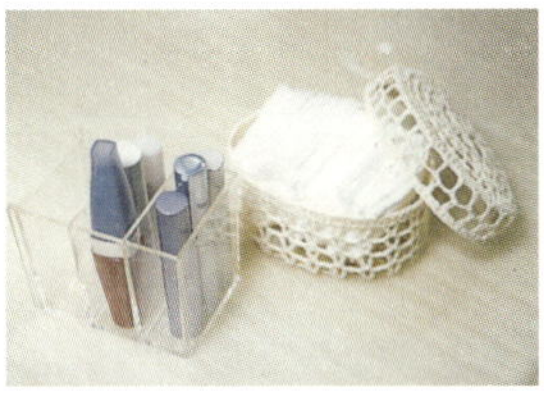

化粧品とコットン
引き出してさっととり出せるように、化粧品は細々したものまでなるべく立てて収納。コットンはふたつきのかごに入れて。（G）

G 化粧品　コットン　綿棒　歯間ブラシ
H ヘアドライヤー　ヘアブラシ　手鏡
I 外用薬　つめ切り　体温計　ティッシュ　めがね（家用）など

消耗品の持ち方に方針を

衣食住の消耗品は見た目が雑多でそろいにくく、収納も場所をとります。使いやすさや材質（環境にやさしい製品か）、容量などよく吟味して、これと決めたら少し長く使ってみることにしています。品ものが変わると、指定席へのおさまり具合も使い勝手も微妙に違うので、手になじむまでにしばらくかかるのです。

なるべく詰め替え容器を利用しているので、色やサイズが一定で、見た目もすっきりします。

ものにもよりますが、在庫はあと一つになってから買ってもまず困ることはありません。わが家は新聞の折りこみ広告を断っているので、安いから大量に買おうとは思いにくいのかもしれません。（高尾）

シャンプーとリンスは家族共通の定番品

手押しポンプ型容器に入れた、キッチンの食器用液体石けん

洗濯機の側面に粉石けん用ケースをとりつけて。手前は洗濯ネット

食品用ラップも詰め替え容器に

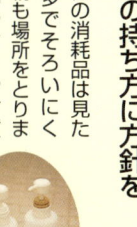

玄関とポーチ

くつ入れの中は引き出し式収納。ひと手間かけてもくつにやさしく。

くつ入れの扉をあけると、箱がずらり。くつはじかに入れずにお店でもらうしっかりした紙箱に入れ、引き出し収納にしています。こうするとすき間なく詰めこむことはなく、シューキーパーや乾燥剤などもセットにしておけます。夏冬の入れ替えもらく。一足一足への心づかいが伝わってくるくつ入れです。

くつ入れ（p.13 間取り図 ⑦）

季節外のくつはふたをして2段重ね。

ぼうし、かさ、買いものバッグ。出かけるときにさっととれます。

妻のくつは箱に色、形を記入した指定席。

スニーカーは、箱に入れずにコの字棚へ。左側はブーツ置き場。

夫のくつは自由席。（あまりきっちり決めてしまうとしまいづらくなるので）

そうじ機をしまうのにちょうどよい場所だったので、しぜんにそうじ道具置き場になりました。

くつ入れ ものリスト

- A 夫・妻・娘くつ　登山ぐつ　サンダル　げた
- B 長ぐつ　ビーチサンダルなど
- C 客用・携帯用スリッパ　くつ袋　くつみがき用品
- D 夫・妻くつ　くつべら
- E 妻ブーツ・くつ　シューキーパー
- F 夫・妻スニーカー
- G 雑巾　そうじ機用紙パック　ワックス　つや出し剤　電気蚊とり器　懐中電灯など
- H ぼうし　レジャーシート
- I 折りたたみかさ
- J 手さげ袋　ポシェット　駐車票
- K そうじ機
- L はたき　すきまモップ　ローラー　そうじ予定表

飾り棚 ほか

花びん　小もの入れ　絵　マット　スリッパなど

ポーチ ほか

鉢花　花台
［メーターボックス内］長かさ　かさ立て　洗車用品　車のチェーン　自転車空気入れ　脚立　くわ　テニスボールなど

その他

自転車　自動車

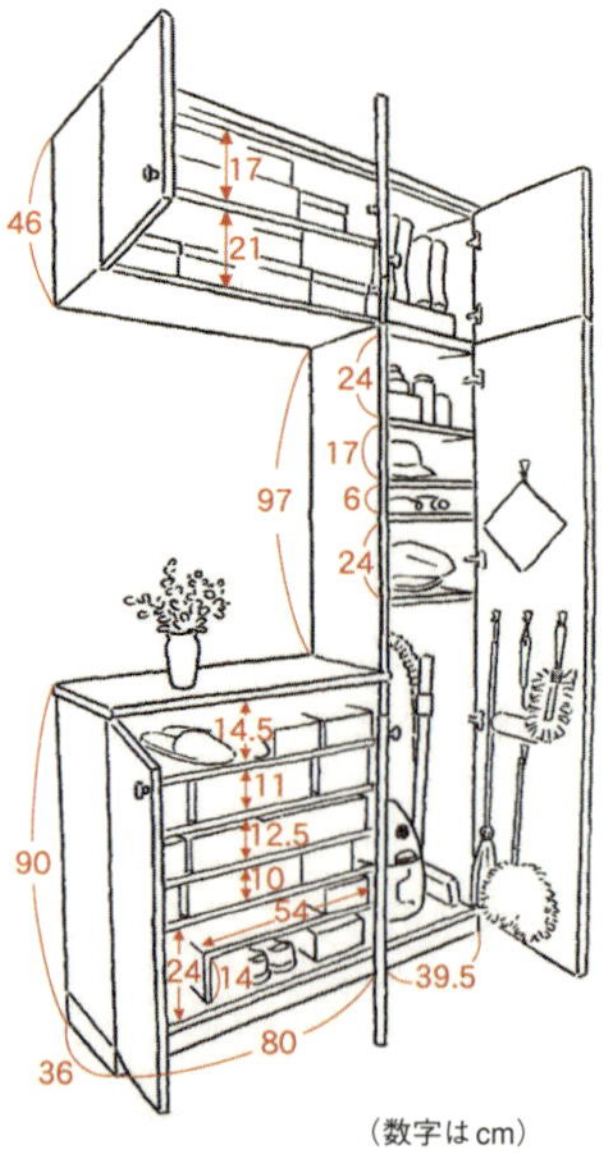

（数字はcm）

テラス　ベランダ

ルーフテラスでガーデニング。モネの絵のような色合いに…などと考えながら手入れをするのは、とても楽しいひとときです。

スコップ、熊手、はさみは壁かけバスケットが指定席です

ルーフテラス

日あたりがよく、わが家のフロントヤード。園芸、ペット用品の置き場所に。

鉢・プランターの植物　肥料　防虫剤　じょうろ　麻ひも　摘みかご　椅子など　うさぎトンネル・トイレ　ホース　ほうき　ちりとり　そうじ用ブラシ　ごみ用トング　ブラシ（十姉妹、モルモット）

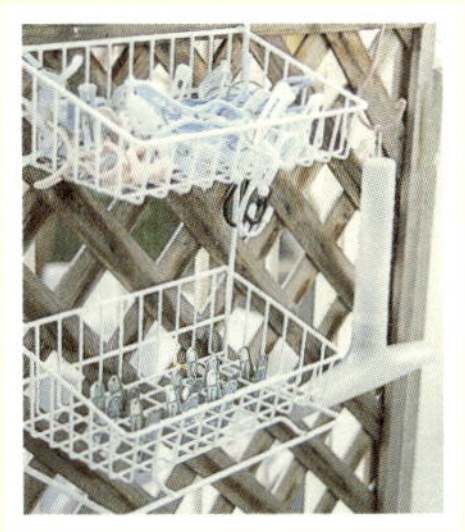

洗濯ばさみは2段のワイヤーラックに大小分けて入れます

2匹はとてもなかよしで、テラスでのお散歩中も必ずくっついていっしょにいます

ベランダ（南側）

洗濯ものを干し、生ごみ、資源ごみを置くなど、暮らしに欠かせないバックヤード。

もの干しざお　ハンガー　洗濯ばさみ　結露用ワイパー　サンダルなど　ごみ容器　ごみ袋　そうじブラシ・トング　つっぱりラックなど

ベランダ（北側）

鉢　支柱　その他園芸・ペット用品

ペットコーナー

ふだんはワークルーム兼寝室の窓ぎわに。ペット用品はかごにまとめて。

ケージ一式（水のみ　えさ鉢　皿　トイレ）牧草入れ　ほうき　ちりとり［籐かご］えさ　サプリメント類　霧ふき　ブラシ　くし　散髪ばさみ　つめ切り　パネルヒーター　ロールペーパー　マット（うさぎの花道　50×120cm）

うさぎや花たちと

私が際限なく好きなもの―それは動物と植物です。うさぎは結婚するときに連れてきて以来ずっと飼っていて、今いる2匹は耳のたれたロップイヤー種。畳からフローリングに替えた南の部屋のテラス寄りに、ケージを置いています。「うさぎの花道」とよんでいる長いマットを室内に敷いてケージから出してやると、行ったり来たり、そこで遊んでいます。天気のよい日は、ルーフテラスがうさぎの遊び場に。下の方にパセリやバジルを植えていて、彼らにもおすそ分け。そうしておくと他の植物はかじりません。幼児生活団からやってきたモルモット、十姉妹たちとともに、だいじな家族の一員です。彼らの世話をしていると時のたつのを忘れます。何があっても文句を言いませんから、その分聞こえない声に耳を傾け、気持ちをともにしていたいと思っています。

花や野菜も、そこに適して育つという場所に置いてやると、いつも元気に輝く姿を見せてくれます。15年育てている南米原産の観葉植物パキラは、冬の間は室内に、5～10月はテラスに出します。6月の一夜に、ふしぎな花を咲かせます。（高尾）

客間の押し入れ

来客用品と思い出をしまう〝わが家の蔵〟

ふだんの生活には使わないものを、2間の押し入れにおさめています。やみくもに詰めこまれたのではなく、よく考えられた美しい「蔵」です。スペースを大きく区切って同類項がまとめられ、まるでキーワードのプレートがついているかのよう…。写真に書き入れましたのでごらんください。

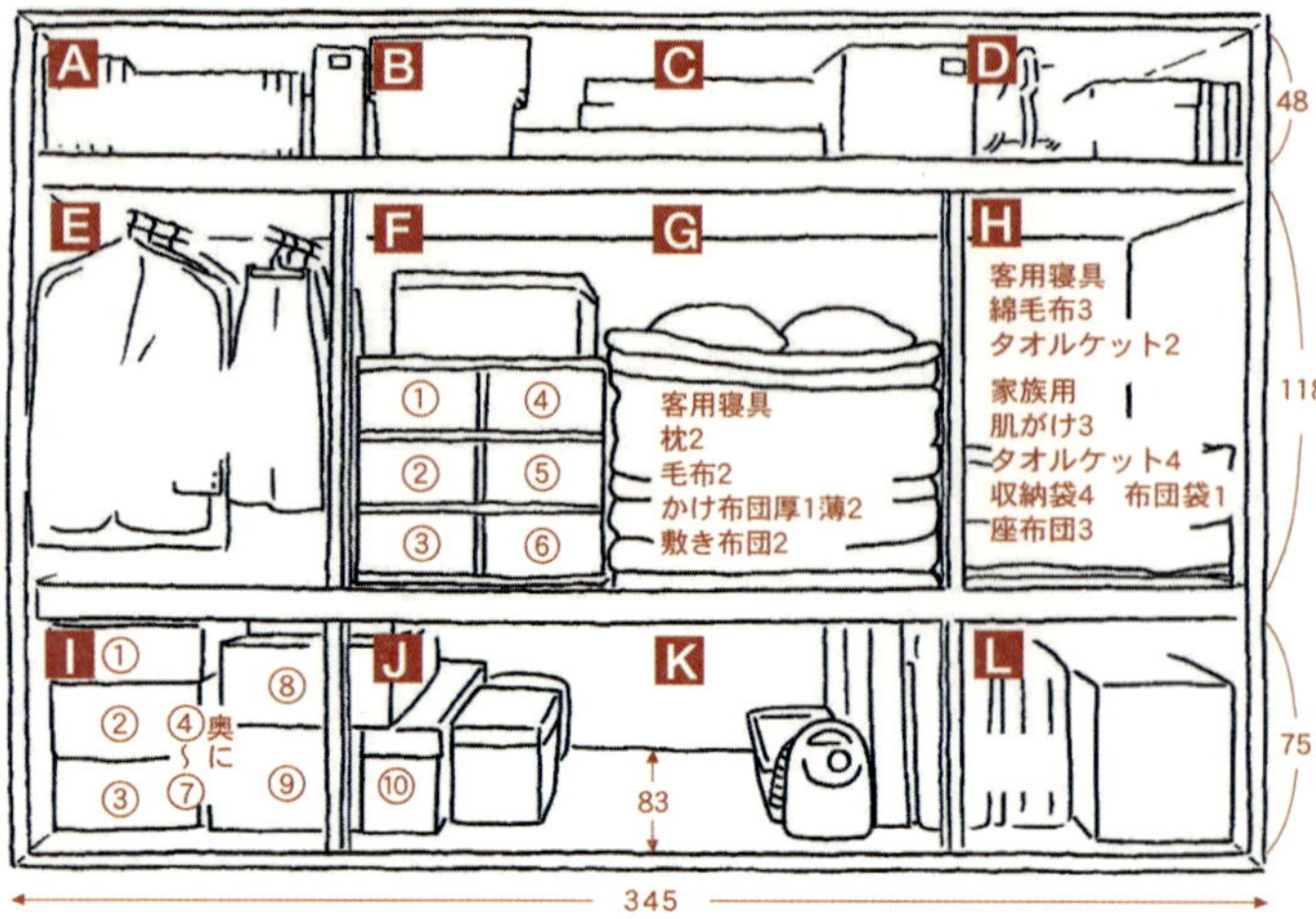

（数字はcm）

押し入れ　ものリスト

天袋
- **A** アルバム　ビデオテープ（成長記録）
- **B** ウェディングドレス　娘制服　父背広
- **C** 絵画　額立て　ひな飾り　クリスマス飾り
- **D** 戦前の婦人之友ファイル　つづら（左下参照）
  卒業証書　木馬 ランドセル

中段
- **E** 夫スーツ　ズボン　妻ワンピース　スカート
  パンツ　考え中のものなど
- **F** スキー用品（ウェア　ぼうし　手袋など）
  ①手編みセーター
  ②水着　バスタオル　ゴーグルなど
  ③各種布地　つくりかけパジャマなど
  ④テーブルクロス・センター　ナプキンなど
  ⑤シーツ　枕カバー
  ⑥バスタオル　白タオルなど
- **G** **H** 布団（上記）夏用竹のマット

下段
- **I** ①家計簿類　領収書１年分など
  ②岩波子供文庫　絵本・児童書
  ③文庫本　単行本　スコア
  ④幼児生活団通信グループ書類　児童書
  ⑤子ども絵本など
  ⑥ビデオテープ
  ⑦娘が使ったぬいぐるみ　玩具など
  ⑧娘小学生のころの本や絵本
  ⑨娘中学教科書やカセットテープなど
  ⑩積木　BRIO汽車　コルクの積木など
  古いアンプ（夫の思い出品）
- **J** 飲料水1箱　スリッパ　軍手　食料など
- **K** 布団乾燥機　ペット用品　ゲーム
- **L** スーツケース大小（中にボストンバッグ　ケース用ベルト）ファンヒーター　扇風機
  折りたたみ椅子など

子どもの部屋

今は東京の高校（自由学園）で寮生活をしている娘も、長い休みごとに帰省します。寝るとき、本を読むとき以外はリビングにいることの多い暮らしです。半間ほどのもの入れがついた約4畳の洋室。左は学期中、部屋に残っている家具と持ちものです。

机（113×57×高さ73cm）椅子　デスクスタンド　時計　文房具　小ものなど
引き出しつきベッド（206×100×44cm）
寝具　パジャマ　画材　かばんなど
サイドテーブル
ナイトランプ　めがね入れなど
オープンラック（70×35×105cm）
辞書　教材　ノート　MDラジカセなど
スライド式本棚（92×45×177cm）
本約250冊
もの入れ（80×70×218cm）
衣類　ボードゲーム　トランプなど
その他　絵　ぬいぐるみ　ラケットなど

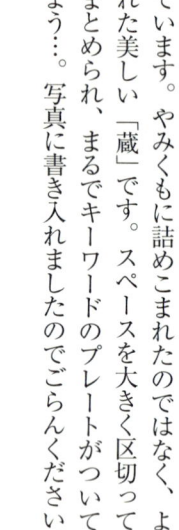

押し入れ（p.13 間取り図 ⑧）

アルバムはここにあるほか、最新の1冊がリビングボード（p.19）に。

A 家族の記録
B 思い出の品
C 装飾品・季節品
D 思い出の品
E 季節外衣類
F スポーツ用品ほか
G 客用寝具
H 寝具
I 書籍
J 非常用品
K 一時置き場
L 季節用品ほか
DENON
PMA-1500RII
OSAKA GAS
ガスファンヒーター

季節外の衣服をスライドポール2本に。左は夫、右は妻用。

この空間がわが家の「すっきり」を持続させる！これから指定席をもらうもの、処分まちのもの、娘の帰省時荷物などがここに。

夏期には家族の冬布団がここに。客用もふだんは収納袋に入れておく。

娘が小さいときに読んだ本、遊んだおもちゃ…幼い子とともに過ごした珠玉の日々を思い出します。

すべての箱に中身を記したラベルを貼ると透視しているも同然に。

わが家にとって大切なもの

結婚して二十年経ち、思い出の品も増えてきました。子どもが小さいときに読んだ本やおもちゃは捨てがたく、スペースの許す限り保存しています。あまり愛着のない本は古本屋へ、不要な電化製品やいただきものはバザーへと、なるべくスペースを占領しないように目を光らせます。その代わり、一度捨ててしまったら二度ととりもどすことのできないような思い出のつまった品には、きちんと指定席を与えて、とっておきます。ときおり手にすると、驚くほどいろいろなシーンがよみがえってきて、胸がいっぱいになります。

もし今より収納スペースが少なかったら、持ちものをもっと厳選して、収納方法も工夫することでしょう。ものの持ち方はいつも入れもの（住居）との兼ね合いです。これはわが家に本当に必要かと、常に新しい目で見直すのは、そこに暮らす人だけにできる大切な作業だと思います。（高尾）

学生時代を終えるとき、「大切なものを入れるように」と父から贈られたつづら。自分の作品や作文、5年間に両親から送られた手紙千通以上を入れています。

人のふるまいと居場所を見据えながら

「ながれ」と「よどみ」の整理学

益子義弘
建築家・東京芸術大学教授

私の家内は片づけ上手である。

のっけからそうほめてしまうのもどうかとは思うけれど、片づけが好きなほうなのだろうし、片づいている状態に気持ちの安定があるようだ。誰もやらないんだから自分がやるっきゃないのとたまに不満も聞こえてくるが、こちらも物といっしょに片づけられてしまわないように気をつけながら、そのふるまい方を興味深く観察もしている。

物が片づくとは

彼女の日々の片づけの鉄則は、物を出してそれを使ったらもとの場所にもどすという単純なことらしい。それをこまめに守っているふうだ。

ふつうはそれがなかなか守れなくてつい後まわしになったり適当になって、やがて身のまわりの収拾がつかなくなる。それがあまり見られない。

もちろんその前に、片づけ場所や物入れの容量の問題もある。

その大まかな家の造りや場所の骨格はこちらがアレンジしているけれど、片づけにかかわるそれぞれの場所の見つけ方に彼女なりの目線と知恵と算段が働く。どうやらその整理の仕方の背後には自分の動きや手順の流れがあって、あまり場所にはこだわらない。動きの流れに沿っていれば、たとえば食器が台所や食卓からは遠いところにしまわれていたりもする。その一例では、いつのまにか離れた私の書棚の一部がそういう物に占領された。

もともとそんなに広い家ではないから（というよりも、はじめは本当に最小限のものだった）、それぞれの役割の違う居場所のあいだにたいした距離があるわけではない。だから部屋の性格とそこで使う物の置き場が離れているといってもたかが知れている。

それでも最初の住まいを設計したときの気張りでは、居間や寝室や台所という場所のくくりに応じて、それぞれに必要かつふさわしい物のおさめ場所を何とか考えようとした。でも小さな家で都合よくそんなふうにいくわけがない。もちろん所持品も最初の頃はそう多くはなかったけれど、しまえる場所にともかく物をおさめることのほうが優先された。

家内の片づけ方の話にもどすと、そんな小空間とささやかな物のしまい場所のあいだで、かなりの格闘があったし工夫をせざるを得なかったろう。幾度かの物の出し入れのあげくに、結局は彼女なりの手順やふるまいの流れの中で、片づけやしまい場所の脈絡が「家全体に」つくられていった。

住まいの骨格

こう書きながら、そんなことは誰もが苦労しつつ、日々されていることだと思う。ここに掲載の高尾宏子さんの物の整理や始末記もまったくこれに重なるし、そしてそのもっと精緻なとり組みに驚かされもする。

そうした観察や経験の中で、物と居場所の釣り合いについて設計者として考えるのは、家の間取りや空間の基本的な骨格のことである。住居にあって物の始末はもちろん大事だけれど、そこでほんとうに望まれるのは人や家族の安定した居場所やその居心地のよさについてだろう。物の上手な始末もそのことにおいて苦労もし、望まれもする。

その点で、こまごまとしたことの前に、大枠の間取りや空間の骨格を単純にいえば、「ながれ」と「よどみ」を少し注意してつくるということかもしれない。家具や物の配置にもそのことがある。

すなわち「ながれ」というのは家事や家族の動きの多い場面や空間であり、「よどみ」はそうした動きに乱されない水溜まりのような場とたとえてもよいだろう。いうまでもなくこのよどみは人の居場所の安心や落ちつきにかかわり、流れはここでの物の始末やそのふるまいの容易さにもかかわる。その空間取りの骨格がごっちゃになっていると、住まいに落ちつきがなくまた物の始末にやたら余計に追われるようなことになる。

さて、もう一つは持ち物の量に関することだ。これにはまったく個人差がある。

私も家内もあまり物に執着がないほうだろう。でも日々わずかずつではあれ、また残す価値の有無判断を超えて物は溜まっていく。そしてそれがいさぎよくは捨てられない。

片づけのもう一つの鉄則に、一つを持つなら一つを捨てよということを聞く。それができない。もともと物を持つことにかなり自己抑制が働いているほうだけれど、その点でも世に言う消費型の経済の活性化にあまり貢献していない。

あえて内幕を暴露すれば、家内は高校生の頃の衣服をまだひそかにしまっている。それを知ったときはさすがにあきれたけれど、自分の持ち物にしてもあまり大きなことは言えない。家にある大半は、そんなそれぞれの時の記憶にかかわる物たちだろう。

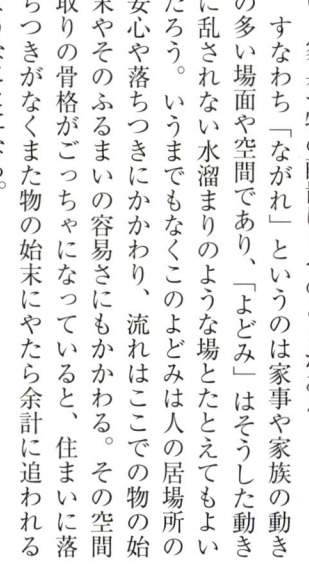

見えないで見える扉

だから、たぶん、家の物入れは基本的にいくらあっても足りない。ある分だけ確実に物で埋まる。閉じて中の見えない物入れではことさらだ。

それはあながち皮肉でなく事実であろうと思う。たぶん家の中に隠れてしまわれているものの八割方は日常的には不要のものだ。

それについての善し悪しを言う気はないし、こちらにその資格もない。ただ、一つだけ経験とささやかな工夫について言うとすれば、日常的に生きて使うものはあまり隠さないほうが、ということだろうか。

それは最初に書いた「使った物をもとにもどす」ということとも関係があるのだけれど、こちらの記憶力や注意力の乏しさもあって、家内の決めた場所に物をもどすというのがそうはうまくいかないことが再々あった。それは物がきれいに扉で隠されたしまい場所において起きるようであった。

あからさまには見えないで少しだけ見える…。ずいぶん持ってまわった言い方になるけれど、あるときそういう工夫を新たにつくる物入れにしてみた。具体的にいえば物入れの扉を格子状の半分透けたものにしたことだ。中の物がある程度見えて、部屋の側からの雰囲気はあまり乱さない。

この苦しまぎれの工夫は意外な効果があって、忘れっぽい私が自分の物のありかに目が向くと同時に、家内に頼まれた物の出し入れにもあまり混乱がなくなった。くり返し言うけれど、それは飾り棚というような外向けの「見せ場」のしつらいではなくて、自分の記憶や家庭平和のための苦しまぎれの工夫であり、日々の居場所の安定と日頃の物の始末のある種の調停の帰結である。

押し入れという一つの世界

このことで高尾宏子さんの収納の工夫について感心もし興味を引かれたのは、押し入れのあつかいだ。システム的な家具の中身だって記事にあるようにはなかなか整頓がいくものではなかろうが、まあ一般的には棚割りやこまかな仕切りに誘われておのずからという一面もある。

高尾さんの押し入れはおのずからどころではなくて、意図と工夫がこめられた一つの世界だ。ふすま一枚を引けば、さまざまに区分された物たちが目の前にいる。それは先ほど書いた「あからさまに見えないで少しだけ見える」という意味と、かたちは違え一脈通じるところがある。たぶんそれは、物のありかのわかりやすさの点かもしれない。

もう一つつけ加えると、こうした工夫をするならば、押し入れはとても経済的な収納だとも言えることだ。請われてきめ細かな戸棚を設計することもなくはない。でもそれはけっこう高価になる。がばっとした空間に箱や廉価な既製品の棚ででも上手に活用すれば、物の整理には充分ことたりるし融通性にも富む。その雑多さを一枚の引き戸が軽く隠す。

高尾さんはそこを思い出をしまうお蔵とも称しておられる。でも物たちは、決して「お蔵入り」してしまったわけではない。

高尾家の持ちもの一覧表

家にあるものの種類や数は、住む人のライフスタイルそのものです。リストアップしてみると、自分が何をだいじにしているか、あらためて気づくことでしょう。

食

合計……………………………**858点**　下記16を含む

（単位（箱、セットなど）で示したもの…4
品名のみ記したもの…………………12）

	品名	数	単位	収納場所
食器	大皿	24		② ③
	中皿	26		② ③
	長皿	5		②
	平皿	15		②
	角皿	3		②
	ガラス皿	13		② ③
	ケーキ皿	6		③
	菓子皿	5		② ③
	小皿	19		② ③
	深鉢	6		②
	サラダボウル	8		② ③
	中鉢	17		② ③
	ふたつき小鉢	2		②
	ごはん茶碗	8		②
	汁椀	6		②
	塗り椀ふたつき	5		③
	漆の深椀	3		②
	スープ皿	6		②
	そばちょこ	3		②
	片口（大小）	2		②
	茶碗蒸し用容器	5		②
	お茶うけ用菓子皿	12		③
	卓上ソース入れ	2		②
	薬味皿	2		③
	珍味入れ	5		③
	ココット	2		②
	エッグスタンド	3		②
	ガラスピッチャー	1		②
	キャンディー入れ	1		②
	菓子用大鉢	1		③
	花柄 大楕円皿	1		②
	酒器（升1）	6		③
	重箱	2		③
	幼児用（ランチ皿、スプーン、フォーク）	6		②
	思い出の食器	20		②
	グラタン皿（大小）（鍋しき2）	7		①
	ガラスコップ	22		② ③
	冷酒用容器	2		②
	ワイングラス	17		② ③
	湯のみ	16		②
	ガラス湯のみ（冷茶用）	5		②
	お茶道具	1	セット	③
	中国茶用ガラス器	1	セット	②
	茶托	10		②
	コーヒーカップ・ソーサー	14		③
	ティーカップ・ソーサー	9		② ③
	デミタスカップ・ソーサー	2		③
	マグカップ	9		②
	ポット、急須	7		② ③
	コーヒー用砂糖入れ（ガラス）	1		②
	砂糖つぼ・ミルク入れ	7		② ③
	ティーボウルなど	3		②
	食器類・計	**384**		
カトラリー	箸	12		②
	箸置き	31		②
	ナイフ	11		②
	フォーク	16		②
	フォーク（デザート用、菓子用）	12		②
	スプーン	19		②
	小スプーン 5種	23		②
	スプーン置き	1		②
	バターナイフ	2		②
	レンゲ	3		②
	ガラスマドラー	5		②
	ケーキサーバー	1		②
	サラダサーバー	1	セット	②
	カトラリー・計	**137**		
鍋	両手鍋	1		①
	片手鍋	2		①
	深型フライパン	1		①
	圧力鍋（兼蒸し鍋）	1		①
	ミルクパン	1		①
	土鍋	1		①
	やかん	1		①
	鍋類・計	**8**		
調理器具	包丁（ペティナイフ、パン切り用、出刃）	4		①
	砥石	1		①
	まな板	1		①
	はさみ	1		①
	ボウルとざる（大中小）	6		①
	バット（大小）	2		①
	耐熱皿	1		①
	木べら	3		①
	しゃもじ	1		①
	ゴムべら	1		①
	すりこぎ	1		①
	菜箸	6		①
	玉じゃくし（穴あき1）	3		①
	フライ返し	3		①
	調理用大フォーク	1		①
	ストレイナー（大小）	2		①
	泡立て器（大小）	2		①
	トング	1		①
	めん棒	1		①
	計量スプーン	3		①
	計量カップ（大小）	3		①
	ガラスカップ（調味料用）	4		①
	はかり	1		①
	温度計	1		①
	キッチンタイマー	1		①
	缶切り	1		①
	栓ぬき	2		① ③
	ニンニクつぶし	1		①
	ピーラー	1		①
	チーズおろし	1		①
	はけ	1		①
	ビンのふたあけ	1		①
	麦茶用ボウル	1		①
	レモン絞り	1		①
	パイ車	1		①
	落としぶた	1		①
	おろし金	1		①
	すのこ	1		①
	万能スチーマー	1		①
	巻きす	1		①
	粉ふるい	1		①
	どんぶり型すり鉢	1		①
	油こし	1		①
	カセットコンロ（ボンベ3）	4		①
	特大ボウル	1		①
	ミンチ機	1		①
	ケーキ型7種、パン型、クッキー型	25		①
	マドレーヌ型、タルト型、チョコ型	27		①
	ゼリー型	1		①
	口金、絞り出し袋、製菓用筆	18		①
	パンこね用具	1		①
	パン用小もの（布、スケッパー、かみそり）	3		①
	天板（ペーパー2）	5		①
	調理器具・計	**159**		
家電	冷凍冷蔵庫	1		①
	オーブン	1		①
	コーヒーメーカー	1		①
	ジューサーミキサー	1		①
	ミルサー、浄水器	2		①
	炊飯器	1		②
雑貨	テーブルウェア（クロス、センター、マット）	20		② ⑧
	ナプキン（リング4）	18		② ⑧
	アクリルたわし（フック1）	2		①
	固形石けん（入れもの1）	2		①
	水切りかご（箸立て1）	2		①
	食器用液体石けん	1		①
	まな板用漂白剤	1		①
	ふきん、台ふきなど	15		①
	付属品（ふきんかけ、タオルかけ）	2		①
	空きびん	2		①
	ふたつき竹かご	2		①
	パンかご（籐、竹）	4		①
	密閉容器	16		①
	みそ用かめ	1		メーターボックス
	おべんとうグッズ（包み、箱、箸）	15		① ②
	水筒	2		①
	お盆類	13		① ③
	マグネット（冷蔵庫用）	8		①
	留め具	10		①
	料理カード	1	式	①
	鍋、マット、お皿立て	6		②
	ワインラック、エッグスタンド	2		② ③
消耗品	ラップ（在庫1）	2		① ⑤
	アルミホイル	1		①
	キッチンペーパー	1		⑤
	フリーザーパック	1		⑤
	使い捨て布			① ⑤
	生ごみ入れ（ちらし利用）			①
	レジ袋			①
	輪ゴム			①
	針金ひも			①
	爪楊枝			①
	たこ糸	1		①
	紙・アルミカップ（おべんとう・ケーキ用）			①
	紙ナプキン			①
	懐紙			③
	お菓子用袋			①
	ランチパック			①
	プラスティックカップ			⑤

合計 858

住

合計……………………………………460点　下記17を含む
（単位（箱、セットなど）で示したもの… 9
品名のみ記したもの ……………………8）

分類	品名	数	単位	収納場所
家具・カーテンなど	食卓椅子（座布団つき）	3		LD
	クッション	3		LD
	ソファ	1		LD
	座卓	1		WR
	本棚、テレビボード	2		WR
	机、椅子、ベッド、サイドテーブル	4		子の部屋
	オープン棚、スライド式本棚	2		子の部屋
	白チェアー	1		テラス
	カーテン、シェードなど	8		
	ブラインド	3		
	エアコン	3		
	扇風機（大小）	2		⑧
	暖房機	3		⑧
装飾品	絵（油絵ほか）	7		⑧他
	額立て	2		⑧
	壁掛け、レリーフ	5		
	置きもの	52		
	花びん	15		⑥他
	花びん敷き、マットなど	8		⑧他
	おひなさま	1	セット	⑧
	クリスマスかざり	1	セット	⑧
収納用家具	2段小引き出し	1		③
	3段小引き出し	1		⑥
	3段小整理棚	1		③
	押し入れ用3段引き出し	2		⑤　⑧
	収納ワゴン	2		⑤
	つづら、文箱、みだれかご	3		⑤　⑧他
	つっぱりラック	2		サニタリー他
小家具など	照明（天井）	5		
	ライト（机、枕もと）	2		子の部屋
	壁時計	2		台所　客間
	置き時計	3		WR　⑥　子
	スツール	1		LD
	座布団	3		⑧
	折りたたみもの置き台	1		客間
	花台	1		客間
	折りたたみ簡易椅子	2		⑧
	かもい用コートかけ	1		客間
	洗面器、ふろ椅子	3		浴室
	灰皿	2		③
	かさ立て	1		MB
	キーケース	1		⑦
	スリッパ（スリッパ立て1）	3		⑦
	スリッパ　客用、携帯用、トイレ用	7		⑦他
	アクセサリー小もの入れ	2		④　⑥
	本立て、カード立て、ブックエンド	8		⑤他
	缶ビン用容器、生ごみ容器	2		ベランダ
	ごみ箱	4		
	黒ビニール袋	1		ベランダ
	厚手ビニール袋	1		⑤
	レジャーシート	2		⑦
	電気蚊とり器	1		⑦
	トイレットペーパーホルダー	2		トイレ
	衛生ボックス	1		トイレ
	竹のマット	1		⑧
	マッチ			②
	脚立	1		MB
	伸縮ポール	1		②
そうじ用品	そうじ機	1		⑦
	はたき（長短）	2		⑦
	すきまモップ	1		⑦
	雑巾、そうじ機パックなど	9		⑦
	ワックス、家具みがきなど	8		⑦
	トイレ用ブラシ	1		トイレ
	バケツ	1		⑥
	重曹	1		⑥
	そうじ予定表	1		⑦
	ほうき、ちりとり（室内）	4		②　WR
	ほうき、ちりとり（戸外）	2		テラス
	ゴミ用トング	2		テラス他
	そうじ用ブラシ	3		テラス他
	スポンジ、たわしなど			⑤他
	軍手	2		⑤
	結露用ワイパー	1		ベランダ
メンテナンス	アダプタープラグ	6		⑤
	延長コード	1		⑤
	充電器など	2		⑤
	電球など	10		⑤
	電池7種	22		⑤
	接着剤	10		⑤
	かなづち、のこぎり、ペンチ	4		⑤
	ドライバー	1	式	⑤
	針金、紙やすり、家具部品など			⑤
車・自転車	自動車	1		
	自転車	1		
	洗車用品	15		MB
	車のチェーン	1		MB
	自転車空気入れ	1		MB
非常用品	懐中電灯	1		⑦
	軍手、食料、スリッパなど	1	箱	⑧
	飲料水	1	箱	⑧
	消火器	1		②
植物	観葉植物の鉢（小）	5		室内
	鉢花	5		ポーチ
	吊り鉢、鉢もの、プランター	23		テラス他
園芸用品	鉢台用ブロック	10		テラス他
	バスケット、壁かけかごなど	3		テラス
	スコップ、くまで、はさみ	5		テラス
	麻ひも	1		テラス
	じょうろ、ピッチャー、ホース	3		テラス
	肥料、防虫剤など	7		テラス
	たね4種			⑤
	くわ	1		MB
	その他園芸、ペット用品	26		ベランダ(北)
ペット	えさ			⑤　WR
	乾草（在庫5kg）			⑤
	ケージ（えさ入れ、トイレ、水飲みなど）	2	セット	WR
	キャリー用ケージ、カバー	4		⑤
	十姉妹、鳥かご、えさ入れなど	1	式	テラス
	モルモット、ケージ、水飲みなど	1	式	テラス
	うさぎ体重計	1		⑤
	うさぎトイレ、トンネル	2		テラス
	うさぎの花道	7		⑧　WR
	ペット用品	23		⑤　WR
	ペットシーツ			⑤
	ペット用新聞紙			⑤

LD……リビングダイニング
WR …………ワークルーム
MB ……メーターボックス
子……………子どもの部屋

合計 460

衣

合計 ……………………………1012点　下記3を含む

（単位（箱、セットなど）で示したもの …3
品名のみ記したもの ……………………0）

分類	品名	数	単位	収納場所
夫の衣類	コート	3		④ ⑧
	スーツ	4		④ ⑧
	喪服	1		④
	ブレザー	9		④ ⑧
	ズボン（半ズボン1）	21	*持ち数86点	④ ⑧
	セーター（綿2）	9		④
	カーディガン	2		④
	トレーナー	2		④
	ジャンパー	1		④
	ベスト	4		④
	ワイシャツ(半袖11)	18		④
	シャツ	6		④
	ポロシャツ（半袖3）	6		④
	ネクタイ（正装用2）	16		④
	カフスボタン	2		④
	ネクタイピン	5		④
	腕時計	2		④
	ベルト	3		④
	ズボンつり	1		④
	マフラー	2		④
	ぼうし	2		⑦
	アンダーウェア（シャツ、ランニング、パンツ）	22		④
	くつした	9		④
	ハンカチ	7		④
	パジャマ（ガウン1）	5		④ ⑤
	通勤かばん（大中小）	3		④
	スーツケース（大小）	2		⑧
	ボストンバッグ	2		⑧
	スーツケースベルト	1		⑧
	くつ	7		⑦
	スニーカー	1		⑦
	夫のもの・計	178		
妻の衣類	コート	4		④ ⑧
	スーツ	4		④ ⑧
	喪服	1		④
	ジャケット	2		④ ⑧
	ワンピース	6		④ ⑧
	スカート	19		④ ⑧
	パンツ	6		④ ⑧
	アンサンブル	3	持ち数83点	④
	セーター	14		④
	カーディガン	5		④
	ベスト	2		④
	ブラウス	11		④
	シャツ	2		④
	ポロシャツ	1		④
	Tシャツ	3		④
	アンダーウェア（ショーツ、ブラジャー、キャミソール、ペチコート）	29		④
	パジャマ（ガウン2）	7		④ ⑤
	ソックス	5		④
	ストッキング・タイツ（在庫11）	30		④
	エプロン（スモックエプロン8）	15		④
	マスク（料理、そうじ用）	4		④
	ナプキン	3		④
	ハンカチ	16		④
	ハンドタオル	6		④
	アクセサリー（ネックレス、ブローチ、小袋など）	42		④
	小もの、記念の品など	38		④
	腕時計	2		④
	コサージュ	2		④
	スカーフ類	12		④
	ベルト	7		④
	ぼうし	2		⑦
	手袋	1		④
	バッグ（礼装用2）	12		④
	手さげ（買物用3）	9		④ ⑦
	ポーチ	7		④
	くつ	13		⑦
	ブーツ、サンダル、スニーカー	3		⑦
	登山ぐつ、長ぐつ	2		⑦
	着もの（羽織1、襦袢3）	11		④
	帯、帯〆など	26		④
	和服の小もの	5		④
	巾着、札入れ、ふろしき、バッグ	8		④
	ゆかたなど	3		④
	草履、げた	2		④ ⑦
	妻のもの・計	405		
娘の衣類など	衣類	61		子の部屋
	寝具	4		子の部屋
	パジャマ、ガウンなど	6		④ 子
	コート	1		⑧
	セーター	8		⑧
	かばん	3		子の部屋
	くつ（長ぐつ、ビーチサンダル）	4		⑦
かさなど	おりたたみがさ	4		⑦
	長がさ	6		MB
	くつみがき用品	1	セット	⑦
	くつ用の袋	1		⑦
	くつべら	2		⑦
	シューキーパー	2		⑦
	共用サンダル	3		ベランダ
洗濯・アイロン・手入れ	洗濯・乾燥機	1		サニタリー
	ランドリーバスケット	1		サニタリー
	洗濯板、洗濯ブラシ	2		⑥
	洗濯用歯ブラシ、ナイロンネット	2		サニタリー
	洗濯ネット	5		サニタリー
	計量スプーン	1		⑥
	粉石けん、中性洗剤	2		⑥他
	洗濯のり（在庫1袋）	2		⑥
	もの干しざお、小もの干し	4		ベランダ
	洗濯もの干し用ハンガー	10		ベランダ
	S字フック	7		ベランダ
	壁かけ式ワイヤーラック	1		ベランダ
	洗濯ばさみ（大小）	45		ベランダ
	アイロン（道具箱1）	2		⑤
	アイロン台、まんじゅう	2		⑤
	水差し、霧ふき、ビニール袋	3		⑤
	洋服ブラシ、ほこりとりローラー	2		④ ⑦
	カンクリン	1		⑤
	たんす用防虫剤	3		④ ⑧
	スーツカバー	2		④
	ハンガー（予備も含む）	96		④⑧子
	布団乾燥機	1		⑧
裁縫道具	裁縫箱	1	セット	⑤
	ミシン	1		⑤
	制作中の手芸品（25×20×6cm）	1	箱	⑤
	布（綿、手織り、芯地、端布など）	20		⑧
タオル	タオル（新品6）	14		①④⑧他
	バスタオル(新品4)	14		④⑧他
	フェイスタオル(新品4)	7		④ ⑧
	ミニタオル(新品5)	8		④ ⑧
	バスマット	2		サニタリー
寝具	敷き布団（マットレス2）	6		⑤ ⑧
	掛け布団	5		⑤ ⑧
	肌がけ	3		⑧
	綿毛布	3		⑧
	タオルケット	6		⑧
	毛布	3		⑤ ⑧
	枕	4		⑤ ⑧
	収納袋（布団袋1）	5		⑧
	シーツ	7		⑤ ⑧
	布団カバー	9		⑤ ⑧
	枕カバー	9		⑤ ⑧

合計 1012

＊衣の「持ち数」とは、下着、くつ下、パジャマ、小もの類は除いた数です。スーツは上下で1と数えました。

●数え方について

数の単位

- 基本の単位は「個」です。
- 同じ目的の道具、数点でひとまとめになっている品など、「○セット」「○式」の単位で記したものもあります。
- おもちゃ、記録物など数えにくいものは、およその分量「○箱」（1辺30～40cmが目安）で、表しました。

数を記さないもの

- 書類はファイルや封筒の数で分量を表しましたが、大きさをまとめにくいものは、品名のみ記しました。
- 輪ゴム、使い捨て布、綿棒など、消耗品で数量が随時変わるものは、品名のみ記しました。
- 食品とその保存容器は、リストに入っていません。

その他

合計 ……………………………2282点 下記48を含む

（単位（箱、セットなど）で示したもの…27
品名のみ記したもの…………………21）

保健衛生・家庭事務・教養娯楽など

分類	品名	数	単位	収納場所
洗面・歯みがき	歯ブラシ（在庫5）	7		⑥
	歯ブラシ（来客用）	24		⑥
	電動歯ブラシ	1		⑥
	歯みがき粉（在庫1）	2		⑥
	歯ブラシ・歯みがき粉（携帯）	3	セット	⑥
	歯間ブラシ	20		⑥
	コップ	1		⑥
	化粧品、化粧道具、スキンケア	32		⑥
	洗顔クリーム、パウダー	2		⑥他
	ひげそり	1		⑥
	コットン（在庫1パック）			⑥
	スキンケアグッズ（携帯用）			⑥
	綿棒（在庫1パック）			⑥
ヘアケア	シャンプー、リンス	2		浴室
	シャンプー・リンス（携帯用）	7	セット	⑥
	シャワーキャップ（在庫5）	6		⑥
	ヘアブラシ（携帯用1）	3		⑥他
	ヘアードライヤー	2		⑥
	男性用ヘアケア用品	3		⑥
	散髪用具	1	セット	⑥
医薬品	コンタクトレンズ用品、用液	7		⑥
	うがい薬	1		⑥
	外用薬	10		⑥
	ガーゼつき絆創膏、湿布薬			⑥
	体温計	1		⑥
	マスク			⑧
その他	石けん（在庫8、入れもの1）	11		⑥他
	入浴剤ボトル	2		サニタリー
	健康タオル、かかとみがき	2		浴室
	かみそり（在庫2、入れもの1）	4		⑥他
	香水	6		⑥
	つめ切り	2		⑥
	つめブラシ	2		⑥他
	手鏡	1		⑥
	ヘアバンド	1		⑥
	娘のめがね（予備）	1		⑥
	トイレットペーパー（在庫12）	13		トイレ
	ティッシュ（詰替用5パック）			トイレ他
	ポケットティッシュ	11		⑥
	衛生品			トイレ
	体重計	1		⑥
	保健衛生・計	**200**		
家庭事務	家計簿、主婦日記、当座帳、衣服ノート	4		②⑤
	電話帳、郵便番号簿、時刻表	5		⑤他
	説明書、保証書（A4ボックスファイル）	1		③⑤
	学校関係の新聞（2年分）			⑤
	ニュースレター			⑤
	父母会関係書類（A4ボックスファイル）	1		WR
	カレンダー	1		②
	駐車票	2		⑦
	管理組合のもの	1	式	③
	貯金箱	1		⑤
	今日の新聞	1		WR
	診察券（カードケース）	1		WR
	A4裏紙			⑤
文房具	カッター	1		⑤
	はさみ	3		②⑤
	ホッチキス	1		②
	セロハンテープ	1		⑤
	筆記具	14		②⑤
	すずり箱	1	セット	⑤
	計算機	1		②
	スタンプ（インク1）	4		②
	パンチ（うさぎ型1）	2		⑤
	ペーパーウェイト	2		③
	コルクボード	1		②
	ものさし	1		⑤
	付箋、クリップ、押しピンなど			②
通信用品	便箋	6		⑤他
	定型封筒	86		⑤他
	絵葉書、グリーティングカード類（36×27×10cm）	1	箱	⑤他
	切手			⑤他
	手紙用はかり	1		⑤他
	住所録、名簿	5		⑤他
	ウォールポケット	1		⑤
	手紙ファイル（娘から）	1		WR
	アクリル絵の具、クレパス	2	セット	⑤
	ステンシル、マーブリング道具	2	セット	⑤
	テープ類	4		⑤
	荷造りひも、リボン			⑤
	宅配便送票など			⑤
	千代紙、和紙、染めた紙など			⑤
	白ボール紙			⑤
	のし紙			⑤
	包装紙、紙袋など			⑤
情報機器	電話機、ファックスつき電話	2		LD・WR
	携帯電話、充電器	2		③他
	ノートパソコン、プリンター	2		WR
	ディスプレイ（PC・TV）	1		WR
	リモコン、付属品	3		WR
	家庭事務・計	**180**		
音楽・カメラ	レコード	143		③
	カセットテープ	41		③
	ビデオテープ	35		③ WR
	CD	88		③
	CD－ROM	11		③ WR
	DVD	2		WR
	フロッピー、マウスなど	4		WR
	ピアノ、椅子、ライト	3		LD
	メトロノーム	1		LD
	楽譜	28		③
	譜面台	1		③
	オペラグラス	1		④
	オルゴール	1		LD
	オーディオボード	1		LD
	オーディオ機器（スピーカー台2）	9		LD
	ビデオデッキ、ゲーム機	2		WR
	アダプター、イヤホン、電話線など	7		③
	カメラ、デジカメ	2		③
	フォト光沢紙（在庫3）			WR
	カメラ三脚	1		②
	カメラ用品	1	式	③
	ゲーム（バックギャモン、カロム）	2		③⑧
	キュー	1		客間
スポーツ用品	水着、キャップ、タオルなど（3人分）	17		⑧
	スキー ウェア、ぼうし、手袋、小ものなど（3人分）	48		⑧
	テニス ラケット、ボール	15		車のトランク・MB
本・雑誌類	本、写真集、辞書など	151		⑤
	聖書、讃美歌	2		⑤
	雑誌	144		⑤
	資料ファイル A4	5		⑤
	教養娯楽・計	**768**		
仕事のもの（妻）	バッグ	1		⑤
	仕事用品（文房具、手帳など）	10		⑤
	名簿、ノート、資料ファイルなど	11		⑤
	色紙ファイル（大小）	2		⑤他
	保存書類（31×26×10cm）	1	箱	⑤
	文房具（ピンセット、ペンのり、パンチなど）	11		⑤
	各国の人形（13カ国分）	2	箱	⑤
	A4コピー用紙（在庫4）			⑤他
	ファックス用紙			⑤他
夫のもの	キーホルダー、鍵、財布など	7		④
	サングラス（眼鏡拭き1）	4		④
	地図、パンフレットなど	17		④
	パスポート（使用済み3）	4		④
	おまもり、娘からの手紙など	15		④
	コレクションボックス（大小）	5		③
	書籍	15		③
	印刷物（ファイル、封筒）	23		③
娘のもの	本	250		子の部屋
	ペン立て、文房具	20		子の部屋
	文具、手紙類、財布、小もの	40		子の部屋
	辞書、教科書、教材、ノート、ファイル	59		子の部屋
	スケッチブック、画材	50		子の部屋
	MDラジカセ	1		子の部屋
	MD、CD	30		子の部屋
	ボードゲーム、トランプなど	19		子の部屋
	絵はがき、ぬいぐるみ、小もの	9		子の部屋
	ラケット	1		子の部屋
思い出の品	アルバム	82		⑧
	ビデオテープ	26		⑧
	ウエディングドレス、制服、背広	4		⑧
	婦人之友ファイル（母から）	7		⑧
	学生時代の作品、手紙など	1	箱	⑧
	卒業証書	5		⑧
	家計簿（ノート1）	21		⑧
	去年の領収書（封筒）	1		⑧
	絵本、児童書	167		⑧
	書籍	113		⑧
	スコア	9		⑧
	通信グループ書類（ファイル）	4		⑧
	ぬいぐるみ、パズル	17		⑧
	おもちゃの積み木、線路	2	セット	⑧
	玩具など	1	箱	⑧
	木馬、ランドセル	2		⑧
	教科書、ファイル、カセットテープなど	50		⑧
	手づくりカバー（ピアノ、TV）	3		⑧
	古いオーディオ機	1		⑧
	七五三、お宮参りのものなど	1	式	④
	娘幼少時のエプロン、くつ	8		④⑦

合計 2282

総合計 4612 下記84を含む

（単位（箱、セットなど）で示したもの …43
品名のみ記したもの……………………41）

達人の家

わが家らしく住みこなす

わが家らしく住みこなす

小さなモノにも指定席 整理にも美学をもって

関矢清子（東京）

原点は「ものに命を与える」ということ

小さなころからいわゆる「お片づけ」が好きだった私は、家中の整理整頓をすすんでするような娘時代をすごしていました。家庭を持ってからは、自分が丸ごと舵とりをできる家を与えられ、どう片づけていこう、どう工夫しようかと日々考えて実行できることが、楽しくて仕方ありませんでした。そんなとき、町田貞子さんの1冊の本に出合ったことで、それまでの自分のやり方がちがっていたことに気づかされたのです。とにかく見た目が美しくおさまっていれば、使い勝手は二の次、というのが私の片づけ哲学でした。ところが「ものに命を与える。ものは使われてこそ生きる」という町田さんの言葉につき動かされ、「ひとつひとつのものを生かすこと」を真剣に考えるようになりました。そして、町田さんの「整理収納の5つのポイント」にとりくみ始めたのです。

「整理収納の5つのポイント」
1 目的を持って分類する
2 ものの限度を決める＝適量
3 機能的な置き方
4 使用後は必ず元の場所へ
5 家族と協力して

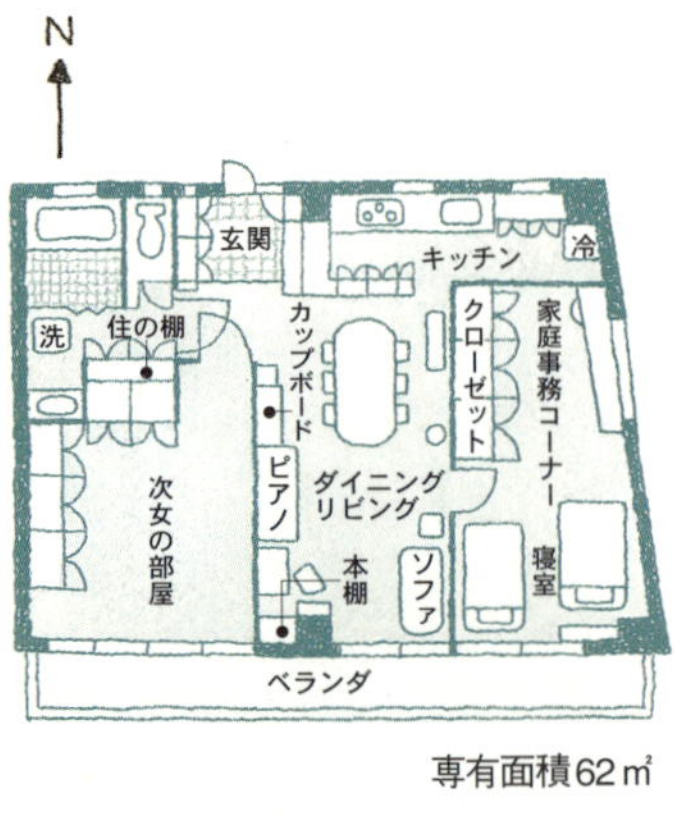

専有面積62㎡

「ものを生かす」ためのものの置き方、入れ方をつねに考え、仕切りやコの字型の台を手づくりするなどの工夫を重ねている。東京第一友の会の「若い人の生活講座」では住の講師を。家族は夫と娘2人。

アイディアケース

出しっぱなしと迷子の連続だった“爪切り、耳かき、体温計…”。使う場所はいつもソファなので、ふたつきのキーケースをそばの壁にとりつけたところ、必ずもとに戻るようになりました。
(左写真のソファ左横も)

「わが家」を感じるリビングに

家族のだれもが、1日に一度はここに座って、思い思いの時間をすごす場所です。フローリングの茶色に合わせて、落ちついた色のソファとクッションをえらびました。忙しい暮らしの中で「やっぱりわが家が一番」と思える空間があることは、日々の暮らしの活力につながると思い、大切にしています。

私のコントロールタワー

以前、出さなくてはならない手紙が見つからなくなったことがあり、どこかにまぎれこまない工夫を考えました。本棚の下にパイプをつけて、未決済の請求書類、するべきことのメモなどをクリップでぶら下げることにしました。家族も、立て替えたレシートなどをはさんでおいてくれます。

小さなものにも指定席

引き出しになんでも放りこむと、とり出すときがひと苦労。小さなものにも指定席をつくれば、なにがあるかもひと目でわかります。バルサ板で仕切りをつくったり、小箱をパズルのように組み合わせて。

クリップ、安全ピン、ホッチキスの針などのごく細かいものは、フィルムケースを利用して。ふたに中身の絵を描いて貼り、わかりやすく。

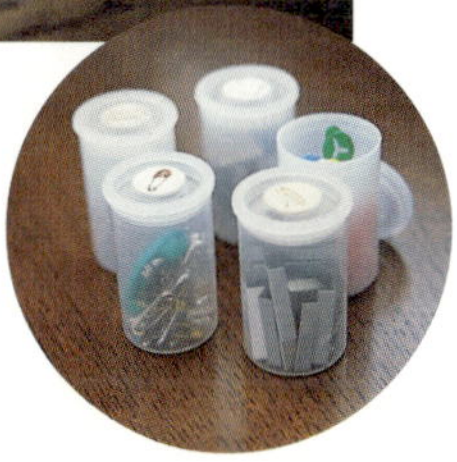

「出し入れしやすい」ことを第一に

人が仕事に行き、夜になると家に帰るように、ものも使ったら帰る家、場所が当然あるべきです。その場所はどこにあるのがよいでしょう。ものは使う場所の近くに置くのが一番で、さらに玄関から入ってきたときの流れや家族の行動を想像し、それに合わせて置いていくことも大切だと思います。

次に、使用頻度と照らし合わせてみます。頻度の高いものほど手前に置くということが、機能的な置き方です。以前、押し入れを片づけたとき、とにかくすべての荷物を出して、いらないものには赤、考え中のものには黄、いるものには青のシールを貼って整理をしました。その上で、いるものの中から、年に一度、月に一度、毎日とにわけて、使う頻度の高いものを手前に、年に一度のものを奥に入れるようにしたのです。この方法は、ひとつの引き出しを片づけるときでも応用できます。

置き場所が決まったら、いよいよとり出しやすく、しまいやすいことを考えていきます。このとき一度手間をかけて、しっかりとした置き場所をつくっておけばあとは何度出し入れしても崩れてきません。それが究極の収納の仕方だと思います。その方法の一つとして、私は仕切りをつくります。あれはどこ、これはどこと、ごちゃごちゃした中からくり返しさがす時間を思えば、仕切りをつくる手間は一度きりのこと、たいした時間ではないと思います。そして家族みんなが使うのですから、だれが使っても「とり出しやすく、しまいやすく」なくてはならないと思います。そうすれば、すっきりと片づいた状態が持続していくと思います。

1段1種類になるように
食器は、1段に1種類の器が原則。棚板を増やしたり、コの字型の台を入れるなどして、目的の器がさっととり出せるようにしています。

乾物ストックは適量を守って
置き場所に見合う量を把握し、在庫は最後のひとつを使い始めたら買うことにしています。空きびんは、中身がよく見えて、残量も一目瞭然、においもつきにくいので、乾物類の収納に適した容器です。パスタのびんの底には、それぞれ塩加減とゆで時間がメモしてあります。

「住」関連の棚
電化製品の取扱説明書や保証書のファイル、包装紙、紙袋、テープやボンドなどを収納。紙袋はボックスごとに、マチあり、マチなしに分け、同じ折り方にして入れておけば、大きさはひと目で判別できます。

「保健衛生」と「衣」
救急箱のほか医学書もここに。下から３段目は「入浴セット」。年頃の娘２人のバスグッズが浴室内にあふれかえり、見た目も落ちつかず、カビの原因に。１人ずつかごにまとめ、入浴のさいに持って入ります。棚に水滴が落ちないようにトレイを敷いて。

生活を支える陰の立て役者

わが家の住の棚は、押し入れを改築して廊下から出し入れをする形にしたもの。床から天井までの高さで、幅80㎝、奥行き30㎝、消耗品の在庫、一時預かり箱、掃除道具など大きく家計簿の費目にそって区分けしています。どうやったら使いやすくなるか、工夫のしどころ、腕のみせどころで、頭の整理度がこの場所の整理のされ具合に反映されるような気がします。

いつ手間をかけるか
リボンは、ラップの芯に巻いて端をピンで留めておきます。「どこで手間をかけるか」ということが問題で、先にこうしておけば、使いたいときにすぐに使えるのです。必要なときに結びじわや折りじわがついていては、困りませんか？

吊るす収納をおもに

洋服は、人が着ている状態で保存するのがベターと聞いているので、型くずれしないようなものなら、なるべくハンガーにかけています。クローゼットには、インナーから上着までの衣類すべてと、スカーフ、アクセサリー、腕時計など、身につけるものをまとめて置いています。あちこちから引っぱり出してくるのでなく、1カ所で落ちついて身づくろいができます。「とり出しやすく、しまいやすく」と研究し続けてきたクローゼットと引き出し収納です。

人の管理できる量とは？
私の衣類の持ち数（P.35）は約90点。死蔵品はなく、自分で把握できる量といえます。写真のクローゼットには、夏ものなら25着入ります。30着になるときつく、袖のところがしわになってしまうので、ここは、25着が適量の収納場所だということがわかります。収納場所を把握し、管理できる適量というものさしをもつことが大事です。

引き出し式収納は立てて入れる
下着、ハンカチ、そして洗いたてのエプロンが整然と。引き出し式収納は立てて入れると見やすいもの。私はヒノキの板でぴったりサイズの仕切りをつくりました。出し入れしてもくずれにくく、入れる場所もひと目でわかります。深い場合は2段にし、下の段をストックにします。

種類ごとに箱をわけて
カメオなど傷をつけたくないものには、ビロードの布をひきました。ネックレスは、ぱっとひと目でわかるように、銀製品には銀紙を、金製品には金紙を入れたファスナーつきの袋にしまっています。

アクセサリーの箱
佃煮の入った箱に軽くてやわらかいバルサ材で仕切りをつくりました。引き出しのサイズを測っておき、ちょうどいい箱を根気よくさがします。

今の時点で満足せずに

一度、整理収納のシステムをつくっても、子どもの成長や、家族人数や暮らしの変化により、ものの置き場や収納場所、しつらえなど、少しずつ変わっていくものだと思います。そして、自分一人が思うままに工夫したところで、家族の動きや思いに合っていなければ、自己満足でしかありません。「出しっぱなしをしてほしくない」という切なる思いとともに試行錯誤して、ようやく家族みんなの身につくには、10年かかったという経験があります（p.39アイディアケース）。整理や収納法は、いくらでもありますが、そこに愛があるかということが大切だと思います。ただきれいに片づけるだけでは、そのときだけのことに。自分の暮らしそのものをどうしていきたいかを考え、前向きにとりくんでいきたいと思います。

必要なものをひとまとめに
これも引き出しのひとつ。ご祝儀やお香典を携帯するケースや、袱紗なども１カ所にまとめて用意しておきます。必要になったとき、あわてずにすみます。

洗濯は楽しく
毎日の洗濯に加え、寝具などの大ものは曜日を決めて洗っています（詳しくは『基本の家事』p.64）。

すき間を生かして
洗濯機の位置を高くする（排水の必要があって）ためにつくった台の一部分をくりぬき、洗濯ネットとブラシ置き場に。思いがけない収納場所を確保できました。

わが家らしく住みこなす

ゆったり収納で さがしものゼロの家

浜田節子（北海道）

ものと住まいを見つめながら

なんでもきちんとしまう母のもと、簡素な暮らしの中で育ってきた私は、娘３人の子育てがひと段落するころから、自分の家を見わたし、どのくらいの持ち数で暮らしたらよいか、ということに目を向けるようになりました。

現実に、少ないもので暮らそうというきっかけとなったのは、10年前にこの４ＬＤＫのマンションに住まいを移したことでした。５人家族にとっては、少々手狭で収納場所が少ないこと。最上階で地震の揺れが大きいため、背の高い家具は危険。しぜんに小さめの家具を少し置く方針となり、少ないもので快適に暮らすことをより心がけるようになりました。ゆずる、処分、再利用するものと行き先を考えながら、10年かけてものの整理をしてきました。

必要なものだけをすっきりおさめて

戸棚や引き出し内の整理、片づけは気分転換にもなり、好きな家事のナンバーワンです。でも、生活をしていると、いつも整理整頓をしてきれいにといかないこともあります。そんなときは、食事の前や１日の終わり、週や月の終わり、季節の変わり目などに自分なりの区切りをつけて、整理するようにしています。

好きなものを少しだけもつ暮らし、必要なものが使いやすい場所に最小限ある生活を理想に、よき理解者である夫とともにこの暮らしをつくり出していきたいと思っています。

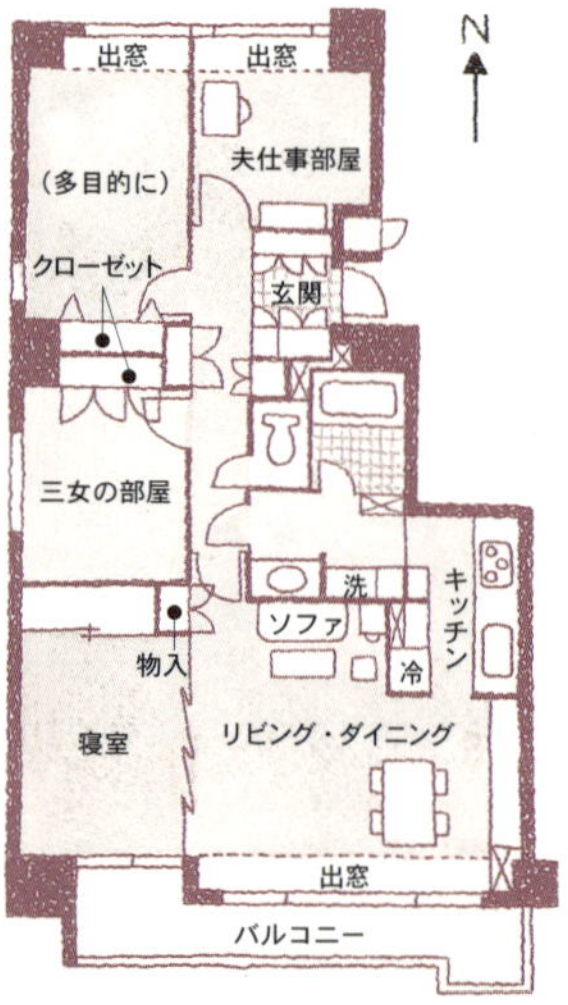

専有面積88㎡

料理、洋裁など、手づくりを楽しみながら、ていねいな暮らしを実践。ひとつひとつの収納場所を整理しながら、家全体のものの置き場、適量を総合的に考えてととのえている。

何役もこなす食卓
小さなテーブルですが、来客のときは椅子を足してお茶を飲んだり食事をしたり。手仕事の専用コーナーや机をもっていないので、食卓で縫いものやアイロンかけ、家庭事務もします。

くつろぎの場
家族が集まるコーナー。ライティングデスクにパソコンやプリンターを置いています。本立てには皆が読む雑誌などを置き、新聞を読む人、パソコンをする人、テレビを見る人とそれぞれがここでくつろぎます。犬もいっしょに。

家庭事務にさっととりかかれる
チェストの家計簿、電卓、領収書などを入れている引き出し。食卓のそばにあるのが具合よい。

よく使うものをチェストに
6段のチェストはそれぞれ引き出しの深さを変えてあり、薬、文房具、時刻表、通信用品、家計簿、洋裁用具などの家族がよく使うものを入れています。サイドボードにはときどき使う食器、来客用のお茶道具、おしぼりなど。引き出しの中にも食器を収納。

かんたんな縫いもの、繕いものも
チェストの下段の洋裁用具の引き出し。ボタンつけなどは引き出しの前に座ってします。縫いものをするときも用具がひとまとめになっているので、ミシンを持ってきて食卓の上でさっと始めます。

台所を少しでも使いやすく

料理やパンを焼くために台所にいる時間は多く、私の好きな場所です。この小さな台所をもっと使いやすくしたいと思い、家族から「またやってるの?」と言われるくらい、いろいろ試してみました。もっと収納場所があったらと壁面収納にも憧れますが、いま一番大事にしたいことは鍋や調理器具、食器の本当に使いたいものだけを収納することです。

調理台の前に立つと、いつも使う食器や鍋、調理器具が、手の届く位置にあり、使い勝手はいいのですが、吊り戸棚の扉だけは、長年の悩みのたね。おでこの高さまであるため、あけるたびにぶつけそうになっていました。思い切って扉をはずし、薄手の白いカーテンをかけたところ「もっと早くにすればよかった」と思うほど、格段に使い勝手がよくなりました。課題は地震のときに食器が落ちそうになったことなので、対策を考え中です。

食器の棚も足りないところは補い、調味料の棚と作業台を夫がつくり、作業スペースを広げました。

友の会で、使いやすい食器（重ねやすいもの、具合のよい取っ手の形、和洋兼用にするなど）の勉強をしたことで、ときには失敗することがあっても、自分の中にもの選びのものさしができたことは、大変役に立ちます。台所も「必要なものがとり出しやすいところに最小限あればよい」が私の理想です。

シンク上の吊り戸棚に
吊り戸棚の右端に家族用のお茶道具を入れています。お盆のまま出し入れができ、家族が気軽にお茶をいれます。中段はコーヒー豆やフィルター、ポット、お茶の葉、上段はときどき使うティーポットなど。

壁にかける調理器具
よく使うお玉やざる、計量カップなどはとりやすいようにパイプにかけています。器具類もときどき煮洗いすると、ピカッと光って気持ちがよい！

わが家の台所
独立型の台所はシンク、調理台、レンジと1列型。反対側には冷蔵庫、レンジ、戸棚、作業台があります。調理台の引き出しの中には、調味料や調理器具を入れています。調理台に出ているものが少ないので、掃除がしやすく、調理にもとりかかりやすい。

吊り戸棚の食器置き場
シンク上の吊り戸棚。ふだんは上の2段はカーテンをしています（右ページ右下写真）。最上段はときどき使う鍋やお菓子の型などを入れ、中段と下段はいつも使う鍋と洋食器がメインです。朝食の器はこの1カ所のものですみます。調理中も手を伸ばし、さっととり出して。

和食器はレンジ上の戸棚にまとめて
調理台に立ち、振り向くとここに手が届くという位置（左下写真）。コの字型の棚を使って、種類の違う食器は重ねないようにしています。棚板の奥行きがあまりないため、1列収納で出し入れはしやすい。

機能的な戸棚と手づくり作業台
オーブンレンジの上の収納棚には和食器を（右上写真）。レンジ下にはすぐ使えるようにパンこね機。2段の引き出しの中はパンやお菓子づくりの道具と乾物を入れています。側面につけた調味料の棚と作業台は夫がつくったもの。下にはポット、トースター、キャスターつきのゴミ箱。

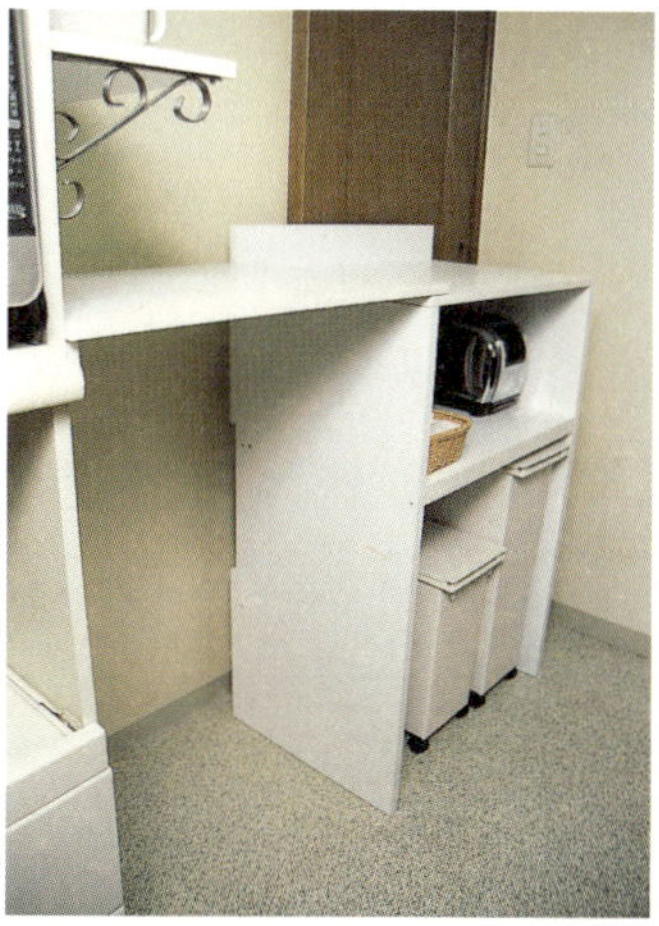

台を延ばすと…
作業台は1m20cmに延びるようにつくりました。調理台が狭いので調理中のものを置いたり、配膳にも使えて台所仕事が便利になりました。

わが家らしく住みこなす

小さな家に広いリビング
秘訣は集中収納

山﨑美津江（神奈川）

転勤族の私たち家族は、29年間に4回の引っ越しがあり、6軒の家に移り住みました。どの地でも娘たちの成長に合わせた住まいに恵まれ、職場、友の会、学校、教会、地域……によって、社会の中で役割を果たす力を培われてきたと思います。15年前には、アメリカ人女性がわが家にホームステイ。リビングダイニングは社会との接点、公の場でもあることを教えられました。交流の輪の中で家族が育つ経験を積み重ねるうちに、いつしか夫と私の合いことばは「人が集まりやすいように居間は広めを」になりました。

交流の場として

現在の住まいは、夫の第一次定年を機会に購入した74㎡、2LDKのマンションです。当初の間取りは3LDKでしたが6畳の和室をなくしてリビングに組みこみました。

ここでは、毎月何かの集まりが開かれています。数年ぶりの、または初めての方々、いつもの仲間と……顔と顔を合わせて食卓を囲み、それぞれの自慢料理に舌鼓を打ち、来し方、行く末を語りあいます。しぜんに、今ある状況に立ち向かう力を分け合って「また、お会いしましょう」と別れる……わが家のリビングは、今、そんな場所です。

専有面積74㎡

整理収納、掃除、家計、時間の使い方、すべてがしぜんに結びついた暮らし上手。現在は夫、社会人の娘との3人暮らし。

リビングのインテリア
古時計(下)に合わせて、と贈られた照明器具の渋い雰囲気を壊さないように、食卓、カーテン、オーディオ機器、壁の色などをえらんでいきました。11階の窓辺から見える丹沢山系の、辺りが暮れゆく瞬間の微妙な色彩はシックで美しく、カーテンをひくのをためらうほどです。

夜はがらりと雰囲気を変えて
カーテンを閉めると、リビングは一変。夕食後、明かりを最小限に灯し、真空管のアンプを通る臨場感満点の音を部屋中に響かせます。オーディオは「このリビングの仕上げ」と称して娘夫婦が時間をかけてえらんでくれました。

私の居場所
リビングの一角のライティングビューロー。ふたをあけたところに、未決の書類やペン立てを。上部の本棚には、今している仕事に必要な本。下の段は目立つので、半透明のケースに。家計簿や原稿書き、事務のほとんどをここでします。

アンティークの時計
インテリアの基点となった柱時計。修理して大切に使っています。制作は80年前。

グループ化しておさめる

2LDKの限られたスペースに効率よくものを収納することは、「本当に必要なものは?」の問いを繰り返すことでした。必要とされたものの中から、「公・私」を見きわめ、さらに本は、書類は、アルバムは、手紙は、衣類は、食器は? と生活の隅々に散らばった小ものを集めて、筋道を立て収納場所を考えました。

家全体は、寝室に本棚、ウォークインクローゼットに衣類・寝具、廊下の収納棚には住居関係、靴、事務書類、食品類などをおさめています。ものの分類は、食費、住居家具、衣……と、家計簿の費目を参考にグループ化しておくのが、わが家ではわかりやすいようです。

本棚はたっぷりと
リビングには今使っている本、読みかけの本のみにして、ストック収納は寝室の4つの本棚です。この部屋のテーマカラーに合わせてブルーのロールスクリーンを注文し、落ち着いた空間に。

衣類収納は寝室に
寝室内にある幅約2m、奥行き1mの小さなウォークインクローゼット。これがあるおかげで、寝室はすっきり。右側に夫の服、左側が私の服。季節外の洋服は廊下の納戸に。来客用布団は苦労してこの棚におさめました。

わが家の集中収納庫
玄関から廊下にかけて並んだ５つの収納棚。手前２つは開き戸で、奥は折り戸。内部は可動棚になっていて、使いやすい。

1の棚

外とのつながりの深いもの
左は家と自動車の鍵、来客時の幼児用おもちゃ、住所録、頂いた年賀状やお手紙、宅急便の用紙、住まいの手入れに必要な道具類など。右、最上段はシーズンオフの靴。その下は紙、缶、ビン類、牛乳パック、買い物袋と、資源ごみをまとめるひもやテープ。一番下はお客様のスリッパです。

2の棚

靴と靴の手入れ用品
わが家の靴の総数は38足。夫８足、娘18足、私12足です（礼装用も２足ずつ）。靴箱にはデジカメで撮った靴の写真。２足の靴の写真を箱の両面に貼り、シーズンが変わると入れかえます。急いで出かける時にも迷わずにとり出せますし、帰宅後の手入れも気軽にできます。

3の棚

娘と私の共通の洋裁道具
書類整理ケースや、道具箱に糸、針、ボタン、裏地、芯地、はさみなど分けて取り出しやすいように。友の会で勉強する衣服の持ち数調べや、着用調べ、縫い方の本などもこの場所にあります。上半分は娘の書類置き場。

4の棚

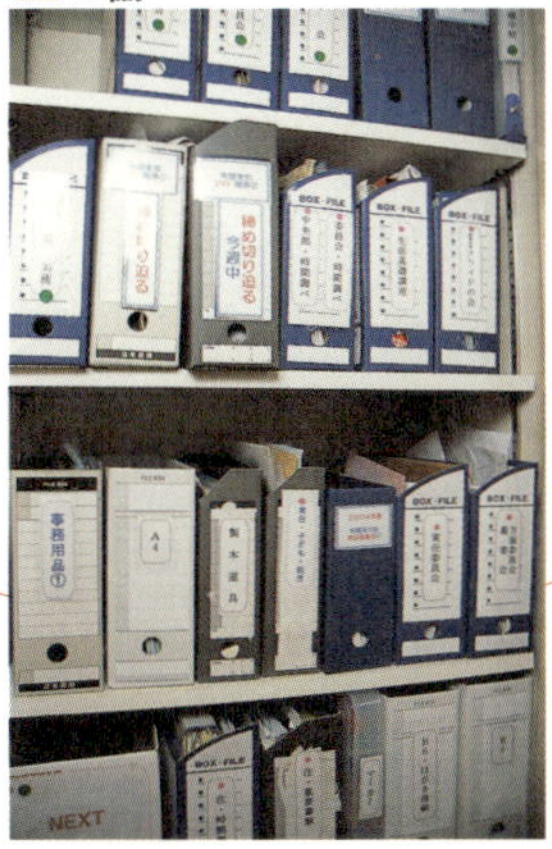

私の書類
リビングで処理したものを、ボックスファイルに入れます。外側に書類名を書き、分野別に目印の色丸シールを貼っています。ボックスは折りたためる紙製で、幅は10センチほど。ぎゅうぎゅう詰めにしないのがコツです。書類整理の途中で家事に取りかかる場合でも潔く終えてここにしまい、またすぐ続きにかかります。

5の棚

食品庫
キッチンが狭いので涼しい廊下にも食品を置くことに決めました。上段はレシピ、お料理の本、ケーキ、パンづくりの道具類。中段は調味料、乾物類を細かく仕切って収納しています。

わが家らしく住みこなす

人と花の似合う家

宮下曄子（東京）

好きなもの、大事にしたいことを確かめて

ひとり暮らしだった母といっしょに暮らすことを考え、現在の家を新築することになったのは12年前のこと。それは結婚以来、狭い家、広い家、さまざまな間取りを家族と経験し、どう住みこなすか考え、工夫してきたことが生かされるときでもありました。

建築家との共同作業は、わが家のすべてを見ていただき、持ちものの量の確認からはじまりました。机や椅子から食器、スプーンの１本にいたるまで、家中のものを数え上げたことは、設計や引越しに役立ったのはもちろん、自分がどんな生活をしているか、何を大事に生きているかを知ることとなりました。

アースカラーと直線を基本に

インテリアには、ヨーロッパの装飾性の高いものと、日本の茶室にみられるような自然の素材と色だけで、シンプルに構成されたものと二通りあるように思います。模様のはっきりした壁紙に重厚な絵を飾ったり、ビロードのシェードや立派なカーテンは、湿気の多い日本の夏には合わず好みでもないと思い、インテリアは「茶室のしつらえ」に、生活様式は「テーブルと椅子」と決めました。

レースのカーテンはやめ、ポイントの置時計、照明、額縁などは花や緑、人間の身体の曲線がひきたつプレーンな金に。居間のソファも「人と花が引き立つ色」に徹し、さらに床の色とも調和する色をと探して、淡いベージュになりました。

「メンテナンス帳」は私の宝もの
人にカルテがあるように、家にもカルテがほしいと願い、この家の工事を監督した人に、家の手入れと管理の仕方を網羅したオリジナルのテキストをつくってもらいました。場所、材質ごとに対策が書かれた大切な１冊です。

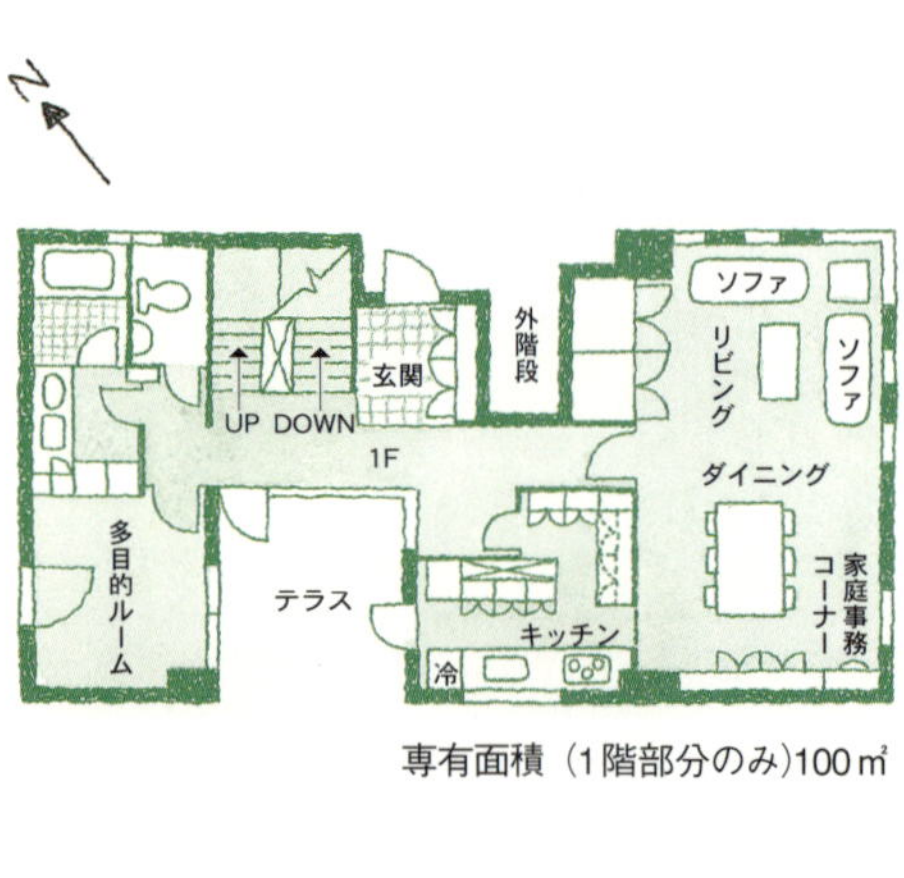

専有面積（1階部分のみ）100㎡

３世代５人家族の衣、食、住に心をくばる日々。機能と美しさを兼ね備えた家づくりとその管理、活用を通して、新しいライフスタイルを周囲に伝えている。

デザインするということは
壁に平たくディスプレイしていただけの藍の麻布。ちょっとひねって立体感を出してみたら…と、専門家にアドバイスを受けてしてみたところ、麻布の表情が一変しました。手持ちのものでも、工夫次第でまったく新しいものになり、創造意欲をかきたてられています。

花を飾る
リビングに足を踏み入れたとき、立ったままの視線がとらえる位置に花をおきたい！　その夢を細くて丈の高いガラス器がかなえてくれました。透明なので、ドウダンツツジや華やかなバラ、何を挿しても似合うと思います。

テレビの置き場所
テレビやオーディオなどは壁面に組みこむ形のレイアウトに。扉を閉めれば（右上の写真）、普通のもの入れに見えます。家電製品の黒い箱にほこりがかぶって気になるのも解消されました。

家族といっしょの家事コーナー
私の仕事を家族に知って欲しい思いでダイニングルームの片隅に。ここでは散らかしっぱなしはできません。手を上へ伸ばすとすぐ家計簿や当座帳がとれます。

ダイニングルーム
リビングにつづくこの空間が、わが家のメインステージかもしれません。正面の壁面に柱のくぼみ40cmを利用した収納棚をつけ、くず入れも組みこみました。

すぐれもの「一閑張りの箱」
段ボール紙を組み立てて、このスペースにちょうど合うサイズの箱をつくります。お気に入りの紙を貼り重ねてつくる一閑張りの箱（写真青、赤の箱）は、軽くて丈夫で重宝です。

さわやかな夏のしつらえ
藍染めの麻布を壁に掛け、庭の緑を飾ったいつもの食卓。テーブルクロスはふだんは使いません。奥の収納棚（上）にはスピーカーを組みこみました。リビングにあるオーディオとつながっています。

白いキャンバスに描くように

10年つづいている月に1度の料理教室の日には、毎回のお料理のイメージに合わせた新しい空間を創りだそうと、インテリアとテーブルコーディネートに工夫を凝らします。季節に合わせ、目的に合わせてアレンジするしつらえは、基本をできる限りシンプルにしたので、いっそう映えるように思います。

デザイン評論家の柏木博先生は、『婦人之友』100周年に寄せる文章の中で、同誌がモダンデザインの歴史の中で重要な位置を占め、しかも生活者の視点から改良を提案してきた点に注目されています。今の私の暮らしも、知らずにそうした影響の中にあることに気づかされました。家やそのしつらえ、装いも含め、暮らしの中にあるデザインとその背後にある意味や思想について、これからもいっそう勉強を深めていきたいと願っています。

チャイナ風に
中華料理の日には中国の絵や京劇のお面を飾り、飲茶セットを並べます。お料理教室のために毎回、キッチンやお鍋を磨き、調味料を点検、準備しています。おかげで定期的にお掃除をする習慣が身につきました。

和風に
落ちつきの中にも華やかさのある緑のテーブルクロスに、和食器を配して。壁には、母の思い出の帯を表具屋でふすまのように仕立て直してもらったものを飾って。柄の部分を効果的に3枚並べて吊るします。趣のある帯が、あたたかみを出してくれます。

あなたも整理上手に

部屋別テーマ別実例集

どこからでもいつからでも

Kitchen

キッチン

毎日立ち働くキッチン、ものが使いやすく収納されていることが一番です。

家事動線を考えて指定席を決める

キッチンは形も種類もさまざまなものがたくさん入ってくる場所です。「ものは使う場所に置く」を大前提に指定席を考えましょう。たとえば、水まわりや調理台で使うざるやボウルはシンク周辺、調理に使う調味料は火口の近くに、などアイテムごとにまとめます。

キッチンで床上60～180㎝の「もっとも出し入れしやすいゾーン」（p.10）にあたる所は案外少なく、作業台下の引き出し上2段分ほどと、吊り戸棚の手が届くところくらいでしょう。その少ないスペースに、頻繁に使う調味料や調理小ものを見極めて優先的におさめるのが、働きやすいキッチンになる秘訣でしょうか。自分の家のキッチンレイアウトの中にどうおさめるかを、家事動線と合わせて考えましょう。

持ち数を見直すことが使いやすいキッチンへの第一歩

次に、どれだけのものをおさめたらよいか、持ち数を考えてみましょう。面積や、I型、コの字型など、キッチンの形によって収納スペースは異なります。自分の家の場合を把握し、食生活や暮らしとも考え合わせ持ち数を見直してみます（『基本の家事』p.28）。おたまはいくつ必要でしょう。鍋やフライパンは？「使いやすそうだから」とものを増やすことが、キッチンが雑然とする一因かもしれません。一方で、数が必要なものの場合、きれいに重なって場所をとらないなど、省スペース性も考慮します。

"わが家らしいキッチン"になるよう工夫して

おさめ方はどうでしょうか。棚にしまう、引き出し式にする、細かいものは小さく仕切る、サッと使えるように立てておく、吊るしておく、などなど。既成のシステムキッチンもよく考えられていますが、だれの暮らしにもぴったり合うわけではありません。自分が使いやすいように棚をひとつ増やしてみる、仕切りをつくってみるなどの手を加えることも必要でしょう（p.124）。

また、独立型キッチンとオープンキッチンとでは、収納の仕方も多少ちがってきます。とくにオープンキッチンは、常に人の目にふれるので、出しておくものは、機能性に加え、材質や色などをそろえたり、見ていて楽しいものにするなど、デザインや色にも心をくばりましょう。

すべて引き出し式の
アイランド型キッチン

家族も友人も、そして料理教室でも、みんなでわいわいと立ち働けるようにと考えて、アイランド型に。腰から下の収納はすべて引き出し式。ひと箱に入っているものは1種類なので、なにがどこにあるのかみんなが覚えられてすっきりを保ちやすい…。（岡崎直子さん）

家事動線を考えたキッチン

シンクラインの一番奥に冷蔵庫をビルトイン、シンク右に冷蔵庫から出したものをいったん置くスペースを設け、シンクで洗う、調理台で調理する、火にかけるものは火口へと、一連の動作がスムーズに流れるようにと考えました。それぞれの収納戸棚には、その場所で使う調理器具、鍋、調味料などがおさめられています。ふりむいてさっと器が出せるよう、後ろの戸棚にはふだん使いの食器がおさめられています。（宮下曄子さん）

キッチンの作業の流れ

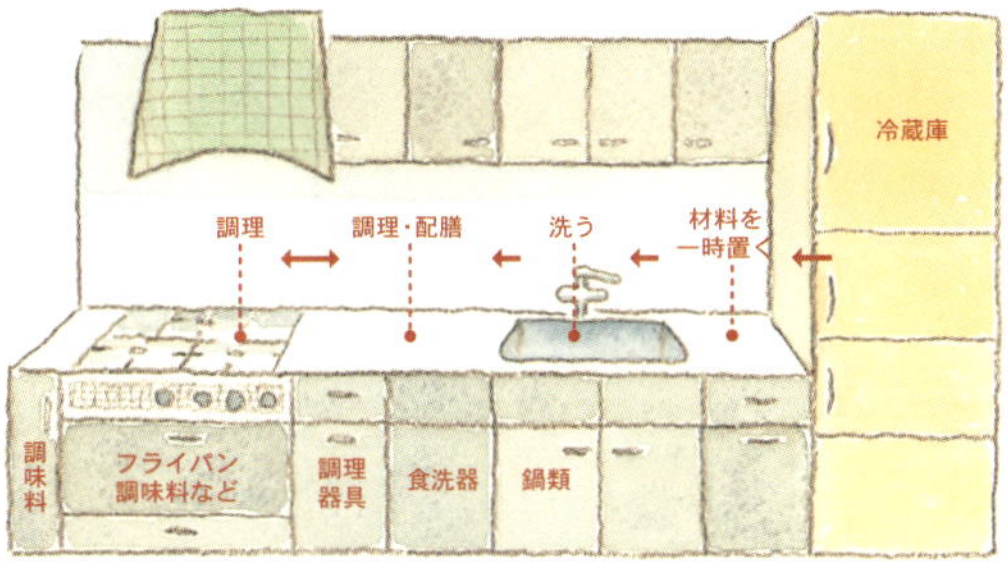

働きやすく、美しい空間に

作業台のレイアウトはコの字型。前後の幅1ｍ、調理台の高さ85㎝はちょうどよい作業空間。シンク側は対面式になっているため、開放的で料理をするのが楽しくなりました。調理器具はステンレス製、色も統一されて、機能と美しさの備わったキッチンです。（熊丸真理子さん）

必要なものが必要な場所に

働きやすさを考えて、持ち数はシンプルを心がけ、動線にそった指定席にものがすっきりとおさまっています。調味料やスパイス、食事のたびに使うお茶のものなどは、さっと使えるように火口のそばに。思い出の孫の椅子は、こしかけたり踏み台にも。この椅子置き場のように多目的に使える空間があると便利。（青木裕子さん）

Kitchen

鍋 フライパン

- 鍋
- フライパン
- やかん

キッチンの中で、家電についで場所をとるのが、鍋やフライパン、やかんです。収納スペースが狭いときには特に、余分なものを持たない努力を。キッチン全体の使い勝手がよくなります。おもな置き場は、シンク下かガス台の下が多いようです。毎日くり返し使うものですから、動きに無駄、無理がないように置き場所を考えましょう。

数を厳選、重ね置きなし

ふだんよく使う鍋は３つ、フライパンは１つ。シンク下のワイヤーラックに重ねずに置けるので、とり出すのもしまうのもワンタッチで、スムーズです。（高尾宏子さんp.15も）

とり出しやすい、ゆとり収納で

シンク下には鍋、フライパン、ざる、ボウル、まな板、包丁。各々の周囲に空間をつくっているので、とり出しやすくしまいやすい。鍋はこのほかにせいろ１組、土鍋１つがあるだけです。（井田典子さん）

ラックの置き方を工夫して

ワイヤーラックを３つ並べて２段使いに。中央手前に台を置かず、奥まで目と手が届くようにするのがポイントです。火にかけてから使う鍋ぶたは、ガス台の下に。（安城洋子さん）

シンク上の吊り戸棚に

「腰痛もちなので、いちいちかがむよりも、腕を伸ばすだけですむこの位置の方がずっとらくです」一番上は手が届かないので、滅多に使わないものを。（大保直子さん）

引き出しにひと目でわかる収納

同じ種類の入れ子式の鍋なら、見ためもすっきり、収納の場所もとりません。鍋とふたを分けて、一覧性よく収納。（金井智子さん）

ふだん使いの鍋は6点です

鍋類の総数は10個。毎日のように使う片手鍋2個は重ねずに。（種田洋子さん）

キッチンを広く…家電は集中収納に

キッチンの中で一番場所をとる家電製品。コンパクトなキッチンの場合、1カ所にまとめて置くと大事な作業スペースも確保できるでしょう。

組み立て式家具で集中収納

I型キッチンの横に、食品ストッカーを置き、その上に組み立て式の棚を上置きして、家電を収納。目隠しに手づくりカバーを下げて、めくったときに引っかけておけるループとフックをつけて使いやすく。（岡前輝子さん）

見えるところに置くので、素材や形をそろえて

家電はダイニングテーブルの横に、メタルラックを置いて集中収納。見える場所なので、色や材質はもちろん、ホットプレートも、このラックに合うよう四角いものをさがしました。（井田典子さん）

Kitchen

調理器具類

- ざる
- ボウル
- そのほかの調理器具

使用頻度の高いざるやボウル、必要なときにサッととり出す調理器具は、キッチンの中でももっとも出しやすい場所に待機させたいものです。引き出しいっぱいに放りこまれていないか、使う場所のそばにあるか、一覧性がよいか…、全体を見ながら個々を見直していきましょう。

ラックを置いて

シンク周辺でよく使うものに絞ってシンク下に収納。ざる、ボウル、ステンレスおけ、バット、砥石、予備の包丁など。（青木裕子さん）

シンク下に

引き出し式のラックを置き、一番使い勝手のいい段にボウルとざるを。（星野瑞枝さん）

引き出しに

シンク脇の引き出しに、ざるはざる、ボウルはボウルを。重ねて収納。上段には調味料を。（安城洋子さん）

計量スプーンとカップ

「極力、ものは出しておかない方針ですが、この4つは吊るしてあるとやはり便利。デザインのいいものをえらびました」（平松経子さん）

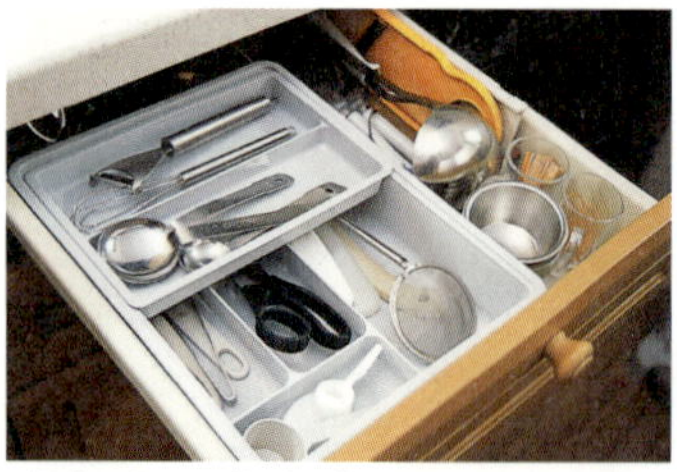

引き出し内を専用トレイで仕切る

調理台そばの引き出し最上段が、よく使う調理器具の定位置。２段重ねでスライド式のトレイを使って。（井田典子さん）

シンク上の昇降式棚

シンク上につくりつけの食器乾燥ラックをざる、ボウル置き場に。取っ手を引けば目の高さに降りてくるので便利です。（大保直子さん）

吊るしておけば一目瞭然

吊り戸棚の下にバーをとりつけて、S字フックにかけています。「迷わずスッと手がのびるので、夫も抵抗なく台所に立っています。頻繁に使うものばかりなので、出していても汚れはほとんど気になりません。」すっきり見える、ステンレスと黒に統一。（岡井乙代さん）

縦型ラックに吊るす

キッチンを改築する際に、ガス台脇につくりつけた幅15cmの引き出し式のワイヤーラック。「レードル類は直接吊るし、調理器具はラップの芯などを利用して立てて収納。とり出しやすさは抜群です」（関矢清子さん）

Kitchen

容器いろいろ

- 密閉容器
- 保存容器
- おべんとう箱

意外にかさばるおべんとう箱や密閉容器の数々。必須のものではないけれど、台所仕事をスムーズに回すためにはだいじな存在です。

使いやすく整理しやすいのは、本体とふたをセットして収納する方法。少ないスペースではふたをはずして重ねるのもよいでしょう。また、鍋や調理器具に比べると消耗品的要素が強いので、ときどきふたはそろっているか、傷んでいないかなど、使わなくなったものがないかをチェックし、いつも適正なもち数がそろっているよう心がけましょう。

とり出しやすい引き出しに

「料理好きで、よく人を招くので、密閉容器は多い方。腰の高さにとりつけた引き出しに、サイズの違うものは本のように立てて、同じサイズのものは２段に重ねて収納しています」（加藤道代さん）

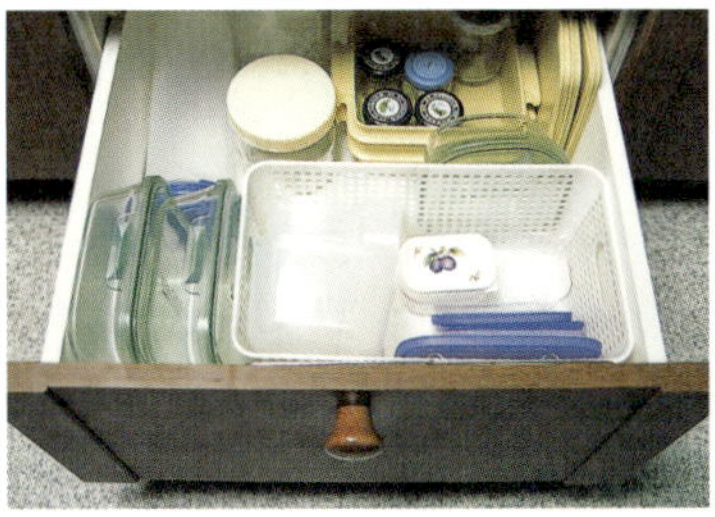

種類別に仕切って コンパクトに収納

密閉容器、ビン類はこの引き出しひとつ分だけ。「材質や形など、同じものごとにひとまとめにしてあるので、本体とふたをばらしておいても迷子になりにくく、スペースもとりません」（浜田節子さん）

吊り戸棚の一等地に出し入れワンタッチで

調理台上の吊り戸棚の下段が容器の定位置。一度の動作でサッととり出せるように、本体とふたをセットして、縦に並べておきます。（平松経子さん）

５人分のおべんとう箱と水筒を

食器棚下の一角を、毎日つくる家族のおべんとう箱と水筒、予備のタッパー置き場に。「ここをあければそろっているので、家族のだれもがわかって、管理もらくです」（井田典子さん）

Kitchen

調味料 乾物

- ふだん使いの調味料
- 大元調味料
- 乾物ストック

料理を手際よくする上で、基本の調味料はさっと手の届くところにあるのが一番ですが、ガス台のそばなどに常時置いておくと、容器が汚れたり、そうじがしにくかったりというデメリットも生じます。使いやすく、そうじもしやすくとトータルで考えると、もっともよく使うもの以外は、とり出しやすい状態でしまっておくのが合理的です。毎日使うわけではないけれど必要な香辛料や、形も大きさも異なる乾物類は「なにが、どこに、どのくらいあるか」をひと目で把握できることが大切です。また、ストックスペースは、湿気のなるべくない場所にというのは大前提です。

よく使うものは小出しにして

「しょうゆ、酒、みりん、サラダ油の液体調味料類は、350ml入りのストッカーに小分けし、ガス台横の調味料用引き出しに並べています。容器が軽くて、手首に負担がないのもよいところです」。下段は大元調味料や、びんごと使っている調味料。（安城洋子さん）

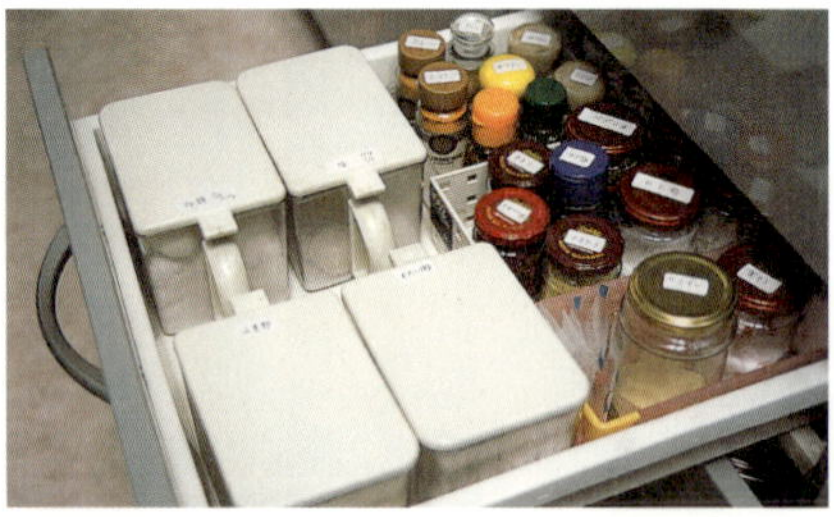

上から見てわかりやすいようにふたにラベルを

砂糖、塩、香辛料、粉類は調理台の引き出しにまとめて入れて。調理中は出しておき、終わったらしまいます。香辛料は迷わずとり出せるように、ラベルを貼っています。（安城洋子さん）

火口のそばに

よく使う砂糖、塩、片栗粉は火口の横に。コンパクトな3段重ねなので、場所をとりません。（『基本の家事』P.12・井田典子さん）

ボックスにおさめて

砂糖、塩、片栗粉（上写真）以外の調味料類はシンク上の出窓に置いたケースにおさめて。「見た目のすっきり感とそうじのしやすさから、この木のボックスをえらびました」（井田典子さん）

見ための楽しさも大切に

塩、砂糖、紅茶の3つだけはホーロー容器に入れて調理台に。キッチンに楽しさを加えました。（平松経子さん）

薄型オープンラック

ガス台から振り返ったところに、よく使う調味料、粉類、だしなどをびんに入れて。「ダイニングルームからは直接見えない向きになることも配慮して夫が手づくりしました」。（星野瑞枝さん）

吊り戸棚下につくりつけ

ガス台脇の吊り戸棚下に、調味料置き場を。調理台の場所をとられず、シャッターを閉めればほこりも目線もシャットアウト。とても重宝しています。（石川弥生さん）

空きびんにラベルを貼って

乾物類はびんに移し、本体とふたの両方にラベルを貼ってストック。残量がひと目でわかり、家族も迷わず使えるのがよいところです。（宮下曄子さん）

種類ごとにかごにまとめて

調理台の背中側にある戸棚に、乾物と缶詰類をストック。透明のかご6個は、棚の高さと幅にぴったりです。左の引き出しには、おしぼり、ナフキン、ランチョンマットなど。（青木裕子さん）

密閉容器なら、湿気の心配はありません

調味料、粉類などは密閉容器に移して、茶葉類といっしょに目の高さの棚に。なるべく1列に置くのが、在庫管理をしやすくするポイント。「細かい調味料は、浅いトレイにまとめて引き出します。」（上里芳子さん）

在庫は薄型ストッカーに入るだけ

調味料の大元、乾物、缶詰類は、このストッカーの下3段のみ。使いかけのものはフリーザーパックに入れて、きちんと密封します。（井田典子さん・p.79電話の周辺も）

床下収納を有効利用

6人家族なので、たっぷり入る床下収納（90×60×43cm）をフル活用。深さがあるので箱やかごで仕切って、缶詰や乾物のほか、いただきものの置き場にも。（増田聖子さん）

手づくりの食品ストッカー

奥行き15cmで天井までの高さの食品ストック棚を、納戸に設置。「同じ種類の缶詰が前後に2列並ぶので、買いもの前の点検がとてもらくになりました」（中野ちひろさん）

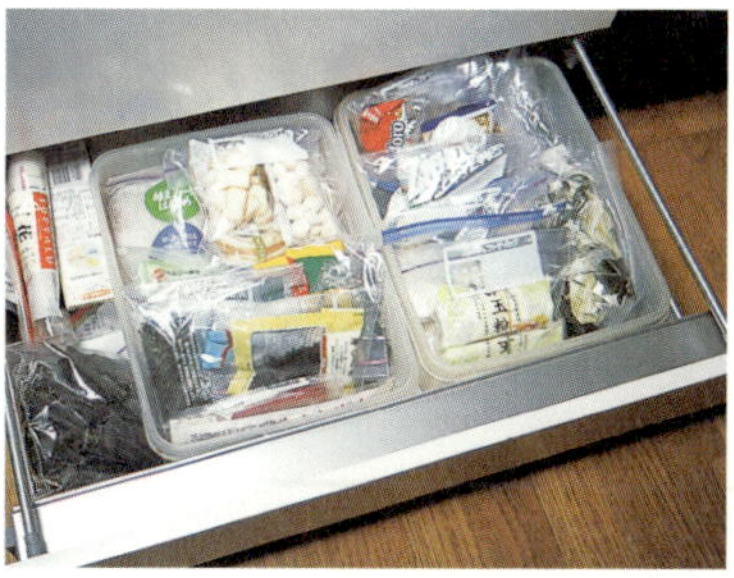

浅い引き出しに

乾物は買ってきたら調理台下の引き出しに。使いかけは、フリーザーパックに入れて。浅くて広い引き出しなので、重ならずに入ります。（金井智子さん）

Kitchen

消耗品

- ラップ、ホイル
- ポリ袋
ほか

ポリ袋、ゴミ袋、ラップ、輪ゴム…などなど、キッチンで必要な消耗品は意外に多いもの。乱雑にならないように、小さなものほど指定席を！

空きびんや容器に
細かいものひとつひとつにも、〝席〟をつくれば、一目瞭然。（上里芳子さん）

内側にもポケットを
引き出しの裏にビデオテープの箱を貼りつけ、よく使う生ゴミ入れやコーヒーフィルターなど軽いものを入れています。オーブンペーパーやホイル、ポリ袋なども立てて収納。（井田典子さん）

1引き出し、1アイテム
シンク下に引き出し式のスチールラックを置き、使いやすい上の2段にラップ・ホイル、レジ袋を。レジ袋は三角だたみにして投げこみ収納に。（星野瑞枝さん）

深めの引き出しを上手に仕切って
シンク横の引き出しを消耗品の入れ場所に。「深い引き出しも仕切りを使えばすっきりと収納できます。かごや缶を使って区切り、ひと箱に1アイテムを入るだけ。迷子はでません。」（関矢清子さん）

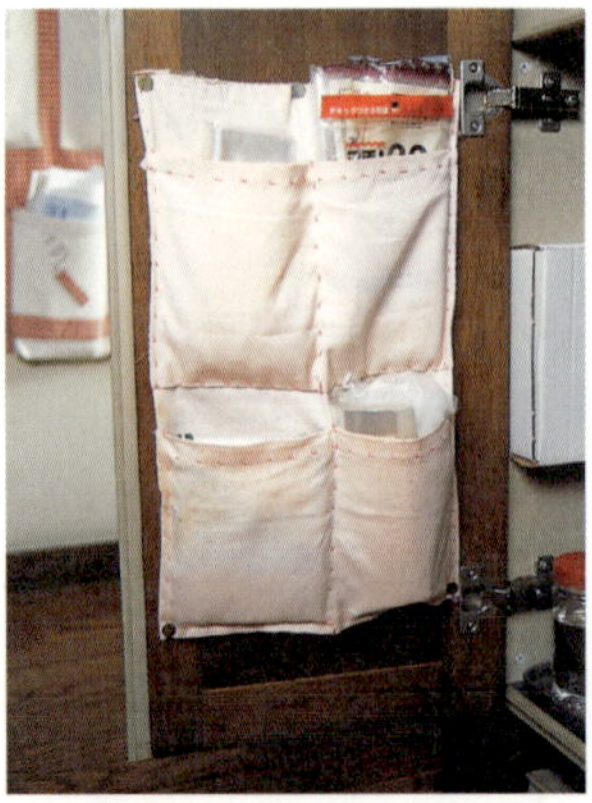

扉裏を活用して
意外に使い勝手のよいのが、扉裏。ウォールポケットを手づくりし、あまり厚みの出ないビニール袋、ゴミ袋を入れています。（加藤瑞枝さん）

洗剤など

市販のボトルのままでは目立ちすぎる洗剤。ふだんはしまっておいたり、シンプルな容器に詰め替えては？

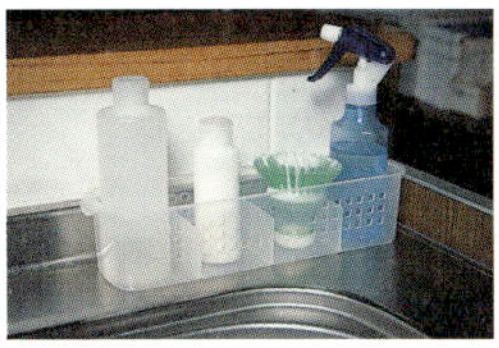

出しておくなら

洗剤類は、すぐ手が届くところに出しておきたいので、乱雑にならないよう仕切りのあるケースに入れ、容器も清潔な色をえらんで詰め替えています。左から食器用洗剤、クリームクレンザー、たわし、重曹水。（星野瑞枝さん）

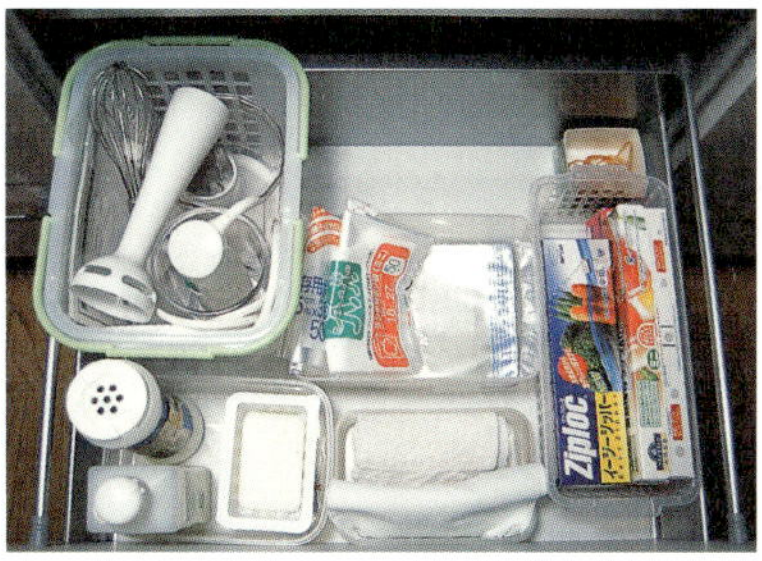

すべてしまいます

シンク下の引き出しに洗剤、石けんなどを。使うときだけさっと出して。（金井智子さん）

Kitchen

お菓子の道具

- お菓子の道具
- パンの道具

お菓子づくりやパンづくりのための道具は、増えてしまいがちなものです。まずは用途が同じもの同士、ひとつのところにおさめると使い勝手がよいようです。

大ものはそのまま、小ものはケースに入れて

お菓子とパンづくりの道具は、吊り戸棚の扉１枚分の収納スペースに。細かいものは、中身が見え、出し入れしやすいように取っ手のついたストッカーにまとめて入れています。（井田典子さん）

かごにひとまとめ、さっととり出します

ミキサー、粉ふるい、めん棒、スケッパーなどを小さなかごにひとまとめにして、戸棚に収納。作業にとりかかるときに、さっと出してきて広げます。（星野瑞枝さん）

棚板を増やす

棚間を狭くして布ものとお菓子の型を。扉をあけたときの一覧性もよく、さっととり出せます。（宮下曄子さん）

ワイヤーバスケットに

3つの引き出しに、大きめの型や調理道具、細々したもの、調味料や香料と、おおまかに分けて。（芝恭仁子さん）

Kitchen 料理書

何度もつくって覚えてしまったレシピでも、ときどき「本」にもどってお味確認が必要です。さっととり出せるところにふだん使いの料理書がありますか？

ストッカーを情報コーナーに

若い頃から愛用している小ぶりな収納庫。上２段が料理書、ポケットには材料別、料理別にした料理カードを入れています。（岡井乙代さん）

キッチン内の主婦コーナーに

小さなスペースですが、カウンターをつくりつけて椅子を置き、主婦コーナーに。吊り戸棚に料理書やレシピ、エプロンなどをおさめています。（宮下曄子さん）

引き出しのひとつに…

調理台そばの引き出しに、よく使う料理書を。（岡崎直子さん）

パントリーに

キッチン脇のパントリーに、レシピのファイルや料理書も。季節ごとに保存食をつくることも、楽しみのひとつ。（安本十九子さん）

Kitchen 常温野菜

常温で保存できる野菜は、玉ねぎ、じゃが芋、にんにく…ｅｔｃ．くだものはいただく前にちょっとだけ冷やすのがおいしいですね。

布に入れて下げておく

キッチンクロスで巾着袋をつくり、それぞれじゃが芋、玉ねぎを入れています。ダイニングキッチンの一角にある食器棚に下げて。（河田ヒロさん）

冷蔵庫脇の食品置き場に

市販の段ボールボックスに、同質、同色のボックスファイルを、仕切りがわりにはさみこんで使っています。（中野ちひろさん）

食品ストックも位置を決めて

キッチンが狭いので、シンク脇に置いた棚の中のケースに入れて置いています。そこに入るだけがストックの量。（岡前輝子さん）

Kitchen

ゴミ箱

もしかしたら「ゴミ箱置き場」はひそかに一番よい指定席をもらっているかもしれません。可燃、不燃、資源…のはっきりした区別、大きすぎず小さすぎずの容量など、それぞれの家庭に合わせて考えましょう。

シンク下からワンタッチ

シンク下の取っ手を引き出すと、ゴミ箱が2つ出てきます。ゴミ箱で床をふさがないために、設計の段階から考えました。引き出し上方に設けた棚は、ゴミ袋置き場です。（熊丸真理子さん）

使い勝手のよいスライド式

扉をあけ、スライド式の天板に乗ったゴミ箱を引き出します。台所仕事の最中に出るゴミをさっと放りこめるのは、思った以上に無駄のない動作で快適です。（石川弥生さん）

抜群の入れやすさ

食器棚と壁の間のスペースに、縦に3段のボックスタイプのゴミ箱を。分別内容、収集日がひと目でわかるステッカーを貼ってあります。（前田久美子さん）

作業台下に組みこんで

調理台対向の作業台の下をオープンにし、ゴミ箱をおさめました。分別ゴミも１カ所にまとまり、動きもスムーズです。黄色いバケツは生ゴミ用。調理中は移動させて使います。（加藤道代さん）

Tableware

食器の収納

キッチン―テーブル―シンク―食器棚…と毎日活躍する食器たち。気持ちよくしまえるゆったり収納を心がけましょう。

よく使う食器はキッチンにあると、盛りつけ、後片づけの動線が短く、家事の効率はアップ。アンケートでは72％の人が、すべて、または一部をキッチンに置いています。

ゆったり収納のこつ

手持ちの食器に合わせて浅い棚や引き出し収納がたっぷりとれればベストですが、奥行き40㎝前後の食器棚にしまっている人が多いのではないでしょうか。

この場合、大皿以外は二重三重に置くことになるので次の点に気をつけます。

・手前を低く、見通しをよく。
・左右または上に手の入る空間を空ける。
・重ねすぎないように、適宜棚板を増やす。（食器棚購入時に棚板を1、2枚追加してもよい）
・ワイングラスや湯のみは、種類別に手前から奥へ1列に並べるとわかりやすい。

そのほか、引き戸なら両端が出しやすいこと、重いものは下の方がらくなことなど、体感しながら収納上手になりましょう。配膳ができるようになった子どもたちの背の高さに応じて、置き場所を変えることも忘れずに。

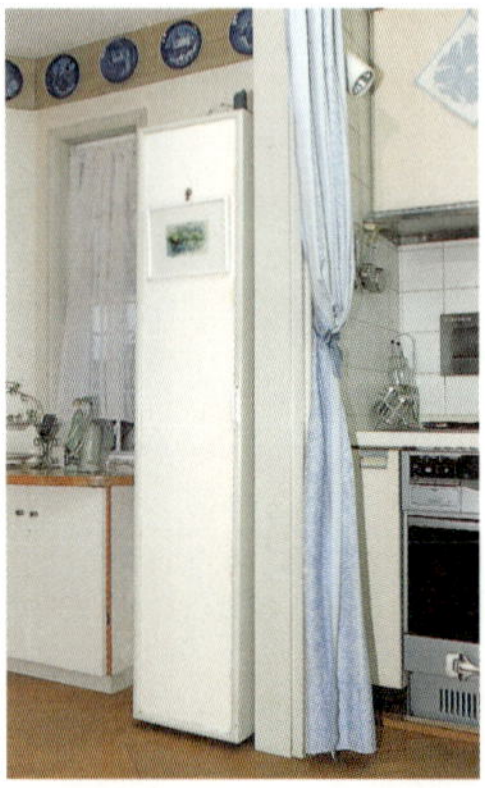

2倍に使える食器棚

すき間に合わせて大工さんに特注した幅35㎝の食器棚。高さは175㎝、奥行き55㎝、扉側の奥行きは21㎝。蝶番にはときどき油をさしますが、20年以上たった今でも便利に使っています。
（平松経子さん）

5人分を1カ所に

オープンスタイルのキッチンなので、食卓からもシンクからも近い食器棚です。
3人の子どもたちと夫婦の使う食器類は総数222点。汁碗、小皿、シチュー皿、カップ、グラス類は10客くらいずつそろえているので、子どもの友だちが大勢集まっても大丈夫。ガラス、磁器、陶器をだいたいまとめて置いていること、棚に入れたとき、上部に空間のゆとりをつくる、なるべくちがった種類の食器が重ならないようにすることで、見た目もすっきり。（井田典子さん　ＬＤＫの全景、食器の選び方は『基本の家事』に）

中央ゾーンはお客様にも

上中下と３つの開き戸で区切られた、つくりつけ収納。一番使いやすい真ん中のゾーンは、気軽なお茶や昼食のときに活躍するカップや小皿、ティースプーンを主に。誰でも気軽に出し入れしてもらっています。(牧野恵美子さん)

棚板を増やしてとり出しやすく

建築時にキッチン内につくりつけた食器棚。０歳３歳の子どもと夫婦４人分の食器類は、ここに入るだけ、と決めています。１種類で２、３枚しかないものは、棚板の間隔を狭くすることで重ねないように。子どももよく使うマグカップは一番下に。(足立有希子さん)

配膳台下の引き出しに

堅牢なスライドレール式の引き出し収納。厚手の陶器を並べても傾きません。底にはクッション性のある滑り止めシートをしいて。

(熊丸真理子さん　p.57に全景)

カップボードのガラス棚を増やして

余っていたガラス板をアクリルパイプ(ホームセンターで購入)にのせて、美しさを損なわず収納量を増やせました。板はアクリルでも。(関矢清子さん)

カトラリーは種類別に区切って

市販のプラスティックのケースで１種類１カ所に区切って入れています。仕切りは浅すぎると中身が混ざってしまうので、引き出しの深さより、２〜３㎝低いくらいに。(宮下曄子さん)

ティーカップをかごに

食器棚とテーブルが少し離れているので、ティーカップはかごにまとめて置きました。省スペースにもなり、必要な場所にさっと運べて助かります。(加藤瑞枝さん)

Living room Dining room

リビング　ダイニング

多目的に使う場所、だからこそ生活しやすく心地よく。

ゆったりとくつろげるリビング、落ちついて食事のできるダイニングは、家の中心的役割を持ち、多目的に使われる部屋でもあります。ダイニングなら、食事をするほかに、子どもが勉強をしたり、おとなが家計簿をつけたり、パソコンをしたり。リビングはテレビを見たり、本や新聞を読んだり、子どもが遊んだり…。また、以前は独立した接客用の応接間をもつ家も多かったようですが、最近はリビング、あるいは食卓と一体化したリビングダイニングでお客様をもてなすスタイルがぐっと多くなりました。家族のくつろぎ、生活の場でありながら、外へも開かれた公的スペース。まずは、いかに心地よい空間をつくり出すかを考えてみましょう。

部屋をどのような空間に仕立てていくか

ぱっと目に入る部屋の印象を確かめましょう。少しでも広く見せるためには、椅子やソファに座った先に、視線の障害になるものを置かず、遠くまで見通せるようにすること。特に窓外までがひと続きになると開放感が生まれます。

また、この部屋で自分がどうすごしたいかを表現していくことも重要です。ゆったりと語らいながらくつろぐために、リビングにテレビは置かない、という人もいます(p.48)。そこにあるだけでも心が和むような家具や小ものを、長い時間かけてそろえている人もいます(p.129)。

リビングに置くものの量は?

リビングに必要なものの置き場はどのくらいとったらよいでしょう。「使うものは使う場所に置く」のは、そこから動かずにいろいろなことをこなせるよさがある反面、全体が雑然としたり、背の高い収納家具が増えて部屋に圧迫感を与えたり、狭くなったりといったデメリットもあります。

一方、動きは増えますが、優先順位や使用頻度の高いもの、今必要なものだけを厳選して置き、あとは、別室に分散して収納する、という考え方もあります。たとえば、本なら読みかけのもの、ビデオは今気に入っている数本だけをリビングに置き、とっておきたい本やコレクションのビデオはそれぞれの個室に(p.48、p.79)といった具合です。

収納方法はものに合わせて

リビングになにを置くか、という目安がついたら、次は実際の収納法です。使い勝手だけの点からものを出し、並べていては、見ために心地よい空間をつくるのは難しいでしょう。情報整理のファイル類と、耳かき、爪切りなどの細々した生活必需品では、形も大き

みんなが集まるダイニング

家庭料理をかこんで家族も友人も、ほっと落ちつく大切な場所。「食卓は心の交流の場と考えています」。(上里芳子さん)

さもちがうので、見えないように扉つきの棚などに収納する方が落ちつきます。オーディオや雑誌、新聞など出しておきたいもの、思い出の装飾品や飾って楽しみたい器など、見えるところに置きたい場合は、色みやテイストを揃えるようにしましょう。

そうしてリビングやダイニングのすっきりを保つためには、食事の前や寝る前など、1日のどこかでリセットする時間をもつことです。出しっぱなしになりがちなものの「帰る家」を決めて、みんなが「出したらしまう」習慣がついたらいいですね（p.117）。

すっきり心地よい暮らし

ものの数を減らし、家族のくつろぎと、いつでも人を迎えられる美しさを兼ね備えたリビングダイニング。来客時にはソファの向きを変えて、団らんを楽しみます。（足立有希子さん・家庭事務兼仕事部屋はP.112参照。）

リビングダイニングで使うものを

3歳と0歳の幼児がいる暮らし。キッチンカウンター下のつくりつけ収納には、おもちゃ（右）、絵本（中）、おとなの本、書類（左）。これから増えることが考えられる子どものものは、余裕をもって収納。（足立有希子さん）

Living room
Dining room

食卓まわり

食卓のまわりには、どんなものが必要でしょう。

食事のときに必要なお箸やスプーン、とり皿が手近な食器棚からすっと出てくる気持ちよさ――。ふだんの生活動線を思い返しながら、どこになにがあると暮らしやすくなるかを考えてみましょう。

座ったときの目線の通り具合、食卓と椅子、家具の大きさやバランス、配置なども、居心地のよい空間の大切な要素です。

オープンラックに

引っ越しが多いため、賃貸マンションに。組み立て式のフレキシブルに使えるラックを利用。両側からとり出せるので作業もしやすい。上段は食器、カトラリー、トースター、下段はオーブン、鍋、ボウル、ケーキ型など。天板の上は配膳、作業スペースとしてあけています。

（トゥトゥリス亜希子さん）

家庭事務コーナーにも

振り返ったところにあるつくりつけの棚に家庭事務用品を収納。食卓テーブルに広げて書きものや仕事を。家計簿つけなどでパソコンを使うときは、椅子の向きを変えて。

（末元真理さん）

振りむいて手の届くところに

食卓についてからさっととりたいグラスやカップなどを、キッチンカウンター下におさめています。角にあるサイドボードには、ランチョンマットとテーブルクロスを。（嘉村晶子さん）

テーブルの下に

ステンドグラスをほどこした窓ガラス、向こうには大好きな木々の葉が揺れて…。「朝日がたっぷり差しこむこの場所でとる朝食は、もっとも心豊かな時間です」。テーブルはコンパクトな収納棚に丸い天板を置いた手づくり。棚にはクロス、ランチョンマット、シート、お盆などを。（岡井乙代さん左2枚とも）

読書もアイロンかけも

くつろぎの場、作業スペースを兼ねたダイニングテーブル。おもてなしの場でもあるので、全体の雰囲気を考えてすっきりと。つくりつけのガラス扉の中はテーマをもって勉強している本など。下の扉の一角にはアイロンや洋裁の道具を。（種田洋子さん右2枚とも）

ダイニングテーブルの大きさと動作寸法

食卓まわりに必要な寸法は？

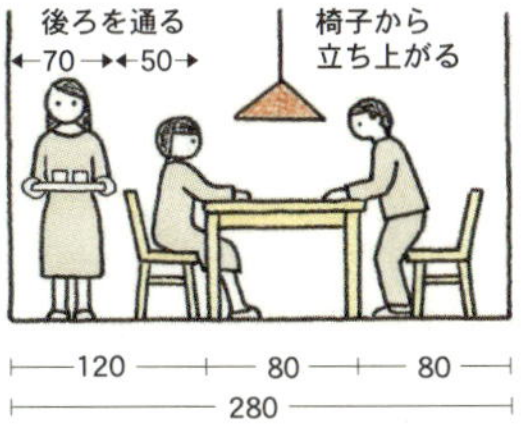

後ろを通る
70
50
椅子から
立ち上がる
120
80
80
280

1人分の食事スペース

40〜50
60〜70

これに家族数をかけると、最低限の食卓の大きさが出る

食卓の大きさのめやす

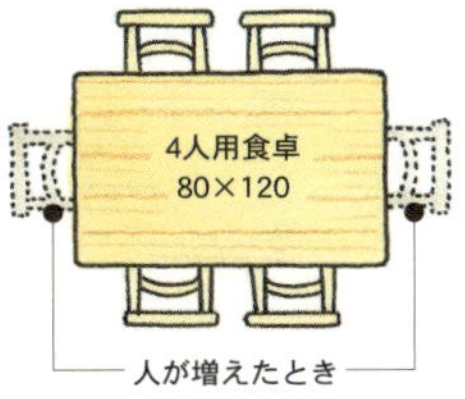

4人用食卓
80×120
人が増えたとき

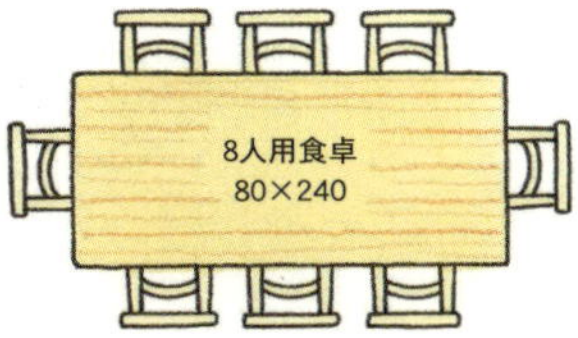

8人用食卓
80×240

数字はcm

食卓と椅子の関係

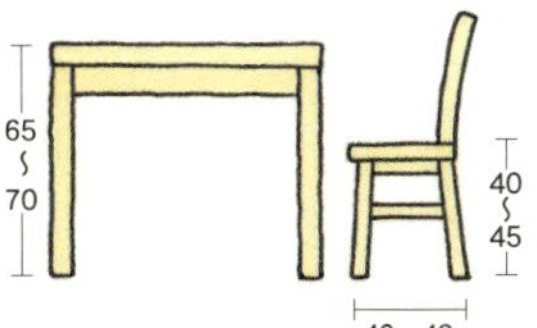

65〜70
40〜45
40〜42

Living room
Dining room

家具のレイアウト

広く見せたい、リビングとダイニングをきっちり分けたいなど、部屋をどういう目的で使いたいかは、家具の配置を決めるときの大切な要素です。また、動きやすさも大事なことですから、家具のまわりに必要な空間があるか（p.73）歩くラインも確かめてください。

マンションのＬＤを広く使う

栗山晶子さん

対面式キッチンにつづく、典型的なマンションのＬＤ11畳。場所をとらない半卵形（半径88cm、幅208cm）の食卓テーブルを夫が設計し、既存のカウンター下につくりつけに。家族４人でもゆったり囲める広さです。

書類と文具の引き出し

カウンターテーブルに引き出し４はいをつくりつけ、文房具、子どものプリント類、書類などを。

低い家具にまとめて

壁際にはローボードを置いて、料理書や雑誌、プリントのファイル、キッチンクロスなど。奥行き60cmでかなりの収納量があります。

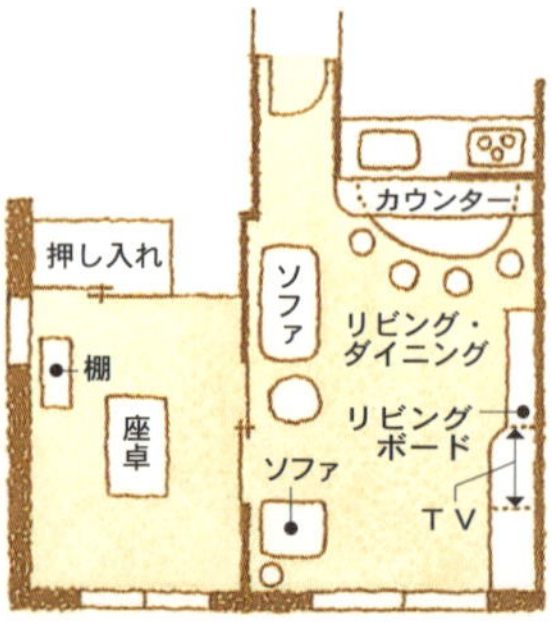

広く見せる工夫

ソファは1人掛けと2人掛けをひとつずつ。広く見せるために、白い布でカバーリング。ふだんセンターテーブルは置かず、サイドテーブルを利用。大勢でくつろぐときは奥の和室を使ったり、和室の座卓を持ってきたり。部屋を広く見せたいので、和室にも大きな家具を置きません。

「いろんな場面に対応できる家に」と願い、食卓テーブルとソファの配置は、状況に応じて変化させています。

いつものスタイル

家族だけで過ごすとき、親しい友人達との時間には、気楽におしゃべりできるオープンなＬ字型です。

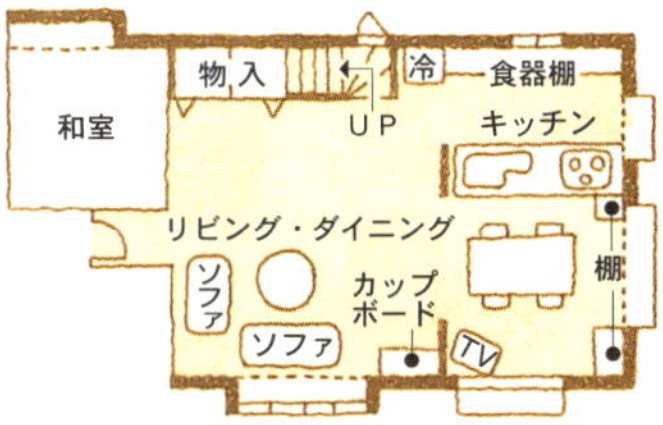

家具配置をフレキシブルに

平井妙子さん

あらたまったときに

ソファを向かい合わせにしたスタイル。落ちついて話したいときに。

食事をゆっくり楽しむ

ダイニングから、広さのあるリビングにテーブルを移動し、お客様とランチやディナーを楽しみます。

ソファの配置

ソファの向きによって、人の顔の見え方が変わり、雰囲気もずいぶんと違うものです。スペースの都合も関係しますが、だれとどんな時間を持ちたいかを考え、変化をつけてみるのも楽しいですね。

Ｌ字型

視線が人の顔から外れるので、緊張感を与えずに会話できるレイアウト。コーナーの壁際に置けば部屋を広く使うことができるほか、１面のみ壁を使う、広ければ部屋の中央に、と置く場所はいろいろ。

対面型

人の顔を見ながら会話をする、応接セットタイプのレイアウト。一方のソファや、ソファの側面を壁につけたり、部屋の中央に置くなど。

Living room
Dining room

子どもと暮らす

小さい子は散らかし名人。このおもちゃで遊んでいたかと思うと、今度はあっち…、親の顔が見えるリビングで次々と広げていきます。食事の前や寝る前など、時間を区切って「お片づけ」をしても、子ども部屋までもどすのが大変で、食卓テーブルの片隅に積み上げてしまったり、リビングの床に転がっていたり。それでも工夫次第で、すっきり暮らすこともできます。「幼児がいると片づかない」という悩みを少しずつ解決しましょう。

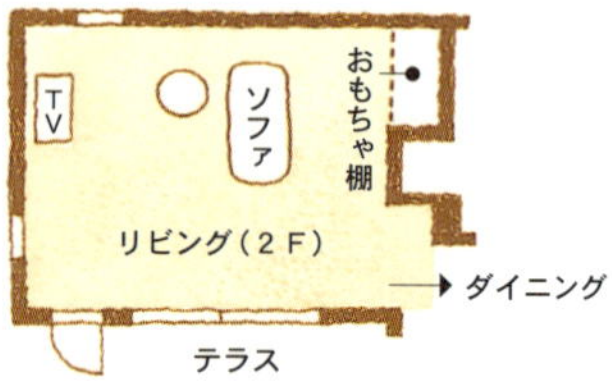

おもちゃ置き場をリビングに

日当たりのいい2階のリビングは、中2、小2、2歳の息子たちが思い思いに過ごす場所。下の子たちの遊び場にと思い、家を建てるときに、本やおもちゃの収納できるスペースをつくりつけに。ソファの後ろが格好の"基地"になり、心ゆくまで遊んでいます。

前のものを片づけなければあけられなかった、両開きの扉ははずし、代わりに価格が手頃でちょっと趣のある和紙製のプリーツスクリーンをとりつけました（写真上）。

（伊藤容子さん）

家具を最小限にし、部屋を広く使って

わが家には部屋中を走りまわる、元気な女の子が2人。約10畳のリビングダイニングなので、どう広く遊ぶスペースをとるかを考えています。LDには、使わないときには二つ折りになる食卓テーブル、2人掛けのソファとコンパクトなセンターテーブル、テレビ台とピアノだけを置き、部屋の真ん中を大きくあけています。ふすまをあければ、リビングつづきになる子ども部屋が現れ、ゆったりと遊べるスペースが確保できます。（渡辺美沙さん）

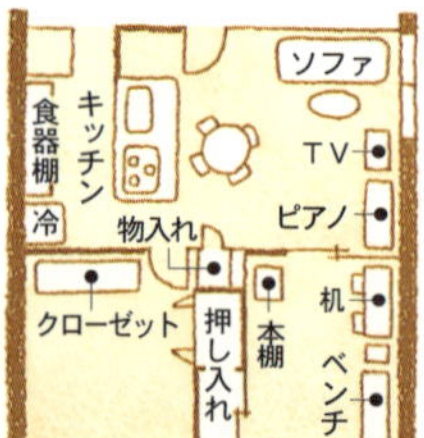

ビデオテープやCDも収納

リビングにあるつくりつけの物入れ。B5版のノートが横におさまるサイズの引き出し式ケースを9段入れて、子どものビデオテープ、CD、書類、プリント類、家庭事務用品、救急用品などの置き場に。この場所を上手に使いこなせるようになったおかげで、部屋をすっきりと保てるようになりました。（渡辺美沙さん）

子どものスペースをリビングに

光がまぶしいほどふりそそぐリビングは、子どもたちにとって、魅力的な遊び場。娘２人は次々に新しい遊びをくり広げます。毎日、子ども部屋まですべてを片づけに行く手間を考えると、いっそのこと、子どもの場所をリビングにつくってしまおうと頭を切り替えました。部屋の雰囲気を損なわない木のベンチやかごを利用して、子どものおもちゃを収納（写真上）。しまうまでのアクセスが短くなり、子どもたちも片づけを興味をもってするようになりました。

“トイズコーナー”をつくって

網屋真紀子さん

親子共有の机

最近はお絵描きが大流行。「お絵描きはここでね」と決めて、子どもの色鉛筆も出しておくことに。なにもかもをきっちり片づけず、思わず描き出したくなるようすが、親も子も気に入っています。

作品の一時置き場に

バスケットを部屋の目立たないところに置き、子どもの工作品の預け場所に。牛乳パックやティッシュの箱など、いろいろな紙での工作は、子どもが大好きな遊び。

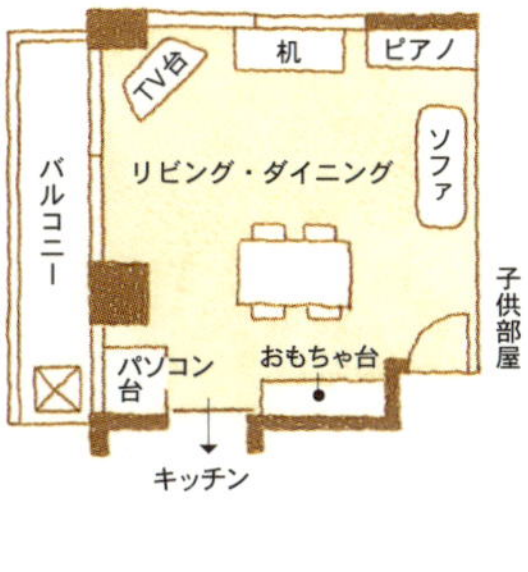

オーディオ

思いのほか大きく、場所をとるオーディオ機器。ＣＤやビデオテープ、ＤＶＤなどもしぜんに増えていくものですから、やはり指定席が必要です。どんな〝音〟が好きか、興味のある方向は…、など内面のにじみ出てくるようなこれらのもの、ディスプレイに心を配るのも楽しみなことですね。

音の出るものを１カ所に

テレビ台の中は、ビデオデッキ、ビデオテープ、ＣＤなどオーディオ関係を集中させて。きれいに並べてもほかの家具とはテイストが違うものなので、扉の中にしまいます。一番下の引き出しは、食卓にさっと出したいランチョンマットとコースター。

扉つきボードに一括収納

加藤良隆さん

フックを強力両面テープで貼って、ゴムをかけただけ。

CDラックに整然と

専用のオープンラックにＣＤを並べたところ、１歳すぎの長男が手当たり次第に引っ張り出し、格好の遊び場に。割れても困るので、防止策としてフックを両側にとりつけ、ゴムを渡しました。

電話機周辺

電話機周辺にはカレンダー、メモ、ペン、住所録などをまとめて置いて、わが家の情報通信コーナーに。

シンプルに

部屋の雰囲気をこわさないようにしたくて、電話台に置いておくのは場所をとらない子機だけ。カレンダーもシンプルなものに。メモ用紙とペンは、台の中に入っています。（岡井乙代さん）

キッチンの一角を利用して

電話のそばに欠かせないのが、スケジュール書きこみカレンダーと、子ども3人の学校の連絡網。ぱっと見たいけれど、美しいものではないので、食器戸棚の側面に。人の目に触れない向きなので気にならず、見やすさは抜群です。（井田典子さん）

ビデオテープは本数を決めて

よく見るビデオは4本。テレビ録画用は子どもと両親、1人1本ずつで、側面にそれぞれの似顔絵を描いて。そのほかは引き出しの中に入るだけに。（岡前輝子さん）

リビングダイニングの一角に

手持ちの家具（左）に合わせて、CD、ゲームソフト、スピーカー用の棚を夫が手づくり。扉裏にはポケットをつけて、診察券やショップカードを。（中野ちひろさん）

大好きな音楽鑑賞。雰囲気を大切に

CDは今よく聴くものだけをえらんで、あとは寝室に。（山﨑美津江さん）

Living room
Dining room

みんなで使うもの

家族みんなが使うもの、必要なものは手近なところにあるのがなんといっても便利。
一人ひとりが、スムーズにとり出し、迷わずもどせることが大切です。

料理書関係

電話の横の扉の中が料理書。家族5人の食事用意のほか、老人給食サービスにも携わり、料理はとても興味があること。レシピの切りぬきなども多いのですが、料理書関係のものは、すべてこのスペースにおさめています。

だれもが管理できる収納

石川弥生さん

横長のリビングダイニングの中央壁際に、大型の収納ボードを置き、この部屋でよく使うものを、引き出し（幅36×奥行き40×高さ8.5～14cm）ひとつにワンテーマで入れています。小学生の子どもたちが出し入れしても雑然としないのは、ぱっと見て、わかりやすくもどしやすいように細かく仕切ってあるからです。

1段目 文房具／カトラリー

左　メモをとったり、宛名を書いたり、子どもといっしょに表をつくったり…、文房具はみんなが一番使うもの。箱で仕切って指定席をつくってあるので、必ずもどってきます。
右　来客用のカトラリーも、トレイや箱に入れてきっちり収納。

2段目 ハンカチ・ティッシュ／おべんとう箱包み

左　出かけるときはここをあけて、ハンカチ、ミニタオル、ポケットティッシュをそれぞれが持っていきます。
右　「夫は毎日おべんとう持ち、私の分もよくつくります」。家族のおべんとう箱包みとナプキンをまとめて。

システム家具を活用して

木製のシステム家具（組み替え可）で、無機質になりがちなテレビまわりにも温かさを出して。棚板の上には、雑然とするので、あまりものを置きません。（岡前輝子さん）

趣味の手芸用品

家事の合間にソファに座り、ひととき手芸を楽しむことも。幅広の引き出しは、仕切りを使い、細かいものも迷子にならないように。

子ども専用引き出し

子どもがまだ小さいので、遊ぶのはリビングが多い。折り紙、お絵描き、工作道具は右側のチェストに。

3段目

こづかいちょう・ノート／茶托・おしぼり置きなど

左　ちょっとした勉強は食卓ですませることも多く、２人の子どものこづかいちょう、学習ノート、文房具などをここに。
右　来客用の茶托、コースター、おしぼり置きも、ここからさっとえらんで。

4段目

8ミリテープ／救急用品・薬など

左　子どもの成長、家族の思い出を撮った8ミリビデオ。タイトルをつけて大切に保管。
右　救急箱がわりの１箱。薬品や爪切り、はさみなどの細かいものは、それぞれのサイズに合わせた箱を利用して細かく分類。

5段目

大工道具・乾電池／包帯・薬

左　かんたんな大工道具、ガムテープなど、住関係のものをそろえて。
右　包帯、ネット、貼り薬、飲み薬など、上段に入らなかったものをまとめて収納。

Bedroom

ベッドルーム

寝室は人生の三分の一を過ごすところ。
1日の疲れが癒される、落ちついたスペースづくりを。

寝室は寝ることが第一の目的の部屋ですが、洋服の収納にも適していますし、書斎や身づくろいのスペースを兼ねることもあります。人を通さない部屋だから、と脱いだものや洗濯ものが散らかっていたり、納戸のようになりがちですが、夫婦の個室の意味合いも考えて、生活感の強すぎない、くつろげる部屋づくりをめざしましょう。

ベッドの収納力も

布団に較べるとベッドは意外に省スペースで、ものによっては収納力もあります。かさばる寝具をしまう場所もいらないので、その分、衣類収納をつくりつけにすると、部屋はすっきりします。枕もとにはランプ、時計、本、電話の子機、眼鏡など、小ものを置く場所も必要で、狭い寝室なら、ヘッドボードと小もの置きが兼用のものもよいでしょう。

長いものを置く
長くて置く場所のないスキーとスキー靴は、子どもの部屋のベッドの下に。「長男がパズルのようにきれいにおさめてくれます」（中野ちひろさん）

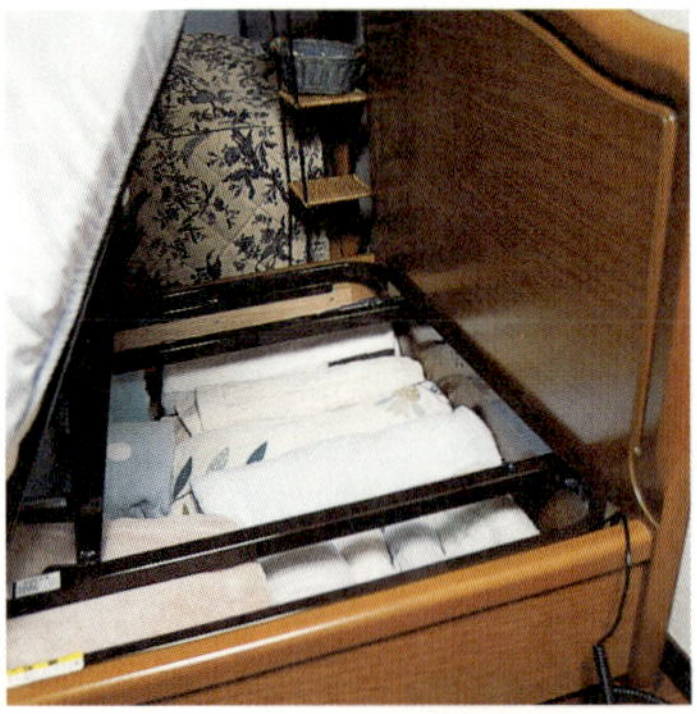

ベッド下に寝具などを
老後のことまで視野に入れ、思い切って電動リクライニングベッドに。マットレスが自動で上がって中のものが取り出せます。中には寝具の予備を収納。（山﨑美津江さん）

ベッドまわりの作業に必要な空間は？

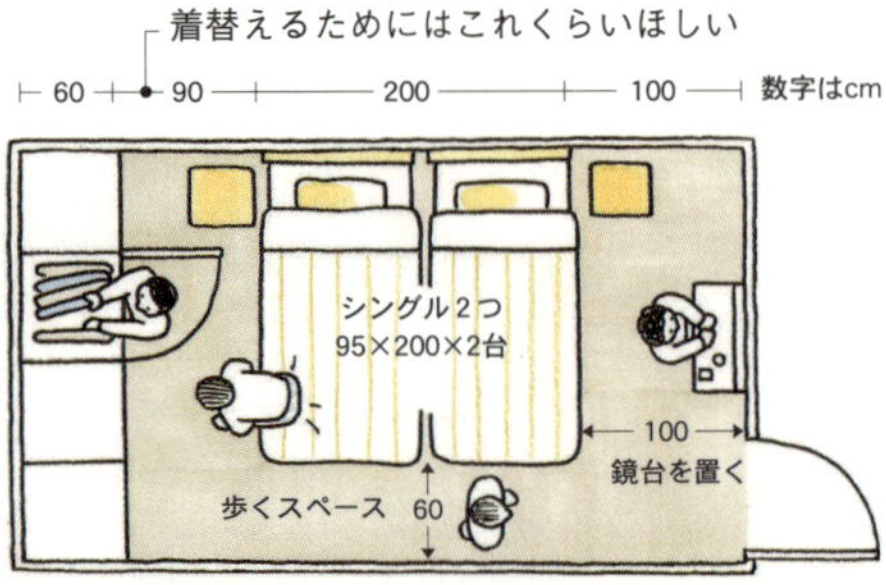
着替えるためにはこれくらいほしい
60
90
200
100
数字はcm
シングル2つ
95×200×2台
100
鏡台を置く
歩くスペース
60

ベッドの標準サイズ

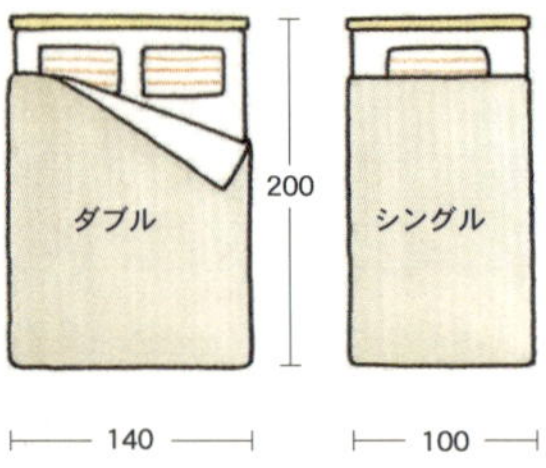
ダブル
シングル
200
140
100

布団の標準サイズ

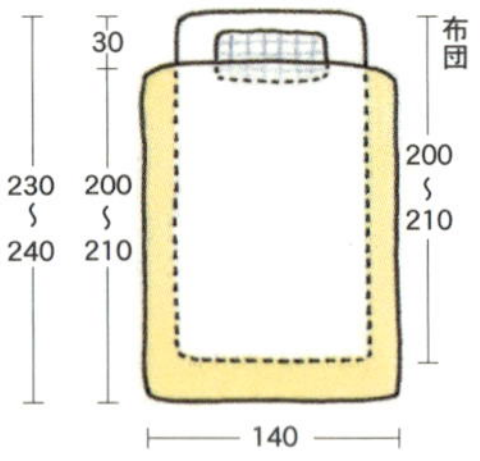
30
230〜240
200〜210
布団
200〜210
140

かけ布団を含めると、布団の占める面積は意外に大きい。シーツをかけるためにまわりにも空間が必要。

北欧家具でシックに

デンマーク生まれの家具のシリーズで、ベッド、ナイトテーブル、本棚、チェストをそろえました。洋服の収納はベッドの足もと壁面のクローゼットとチェスト。（トゥトゥリス亜希子さん右下も）

クローゼット脇のニッチに置いたチェスト。上に雑多なものを置かず、絵が生きるように。

ゲストルーム

子どもたちが巣立ったあとに、独立したゲストルームをつくる人も増えています。もの置きにしていた場所をあわてて転用した、という雰囲気でなく、時計や絵画、置きものでアットホームな印象を与えるように、ふだんから心がけておきましょう。

孫たちのスペース

2階のリビングの上につくった8畳ほどのロフト。リビングから直接はしごで登り降りします。天井は低いけれど小学生の孫たちには、隠れ家風の、楽しくてたまらないスペースです。（岡崎直子さん）

いつでもウェルカム

次男の部屋だったところの壁紙を貼りかえ、オーストラリアの英語教師の女性と2年間生活をともに。その後もゲストルームとして活躍。枕もとに眠りにつくのにいいきれいな絵本などを入れた本棚とナイトランプ、部屋の隅には書きもの机と椅子。グリーンも絶やさないようにしています。

（笠羽巳年子さん）

Japanese style room

和室

あるときは寝室、あるときは茶の間、客間、作業室、子どもの遊び場……
何にでも使える和室のよさは、生かされていますか?

洋風の暮らしになじんでいても、家の中に1カ所は和室を…と望む人は多いようです。障子から差しこむやわらかい光や、自然素材であるたたみの感触、床にじかにすわったり横になる和の暮らしへのこだわりが、私たちのどこかに残っているからでしょう。

用途によって収納も変わる

和室を、「床の間には掛け軸と季節の花、それ以外に何もない美しい空間」という元来の姿で残すためには、接客や宿泊のための、非日常的な用途にならざるを得ません。そうしたゆとりがある場合は少ないので、家族のライフステージや間取りに応じて転用できる、融通のきく部屋、と考えて使っていくのがよいでしょう。

和室を寝室に使う場合は、前述のように衣類や枕もと周辺の雑貨が置かれるでしょうし、リビングや食事室にするなら雑貨や食器が、子どもの遊び場ならおもちゃや絵本を置く棚が必要です。それらをすべて兼ねる場合もありますが、和の雰囲気も大切に、部屋のレイアウトや家具の質感に心をくばりましょう。

大量収納のある新感覚の和室

リビングのつづきに1段高くつくった、6畳の和室。障子のかわりにすりガラスの格子窓、建具は木製、畳は縁なし。ほかの部屋に違和感なくとけこむ色としつらえです。引き戸4枚の押し入れの中は布団、衣類を収納。家具は何も置かず、昼は子どもたちの遊び場、夜は一家4人の寝室に。(足立有希子さん)

リビング側から引き出して使う、ふたつきの収納。おもに季節外の衣類を。

予備室・客間として

リビングのつづきに設けた４畳半の和室。ふだんはあけっ放しで、来客の手荷物や小家具を置くなど、予備室として使い、親戚などが泊まるときには客室に。押し入れは観音開きなので布団の出し入れがらくです。（平井妙子さん）

リビングからの視線を意識して

マンションのリビングに隣接する和室。いつもふすまはあけておくので、すっきりさせておきたいところです。４年前に檜の板でつくった座卓と、い草の座布団、生成りの布に書かれた書画作品を額に入れて、和の雰囲気を。休日などはここを食卓にすることもあります。（栗山晶子さん）

ベッドルームとして

６畳の和室にダブルベッドを片寄せて置き、寝室に。枕もとのテーブルランプはお母さまからの誕生日プレゼントです。（田代優子さん）

ベッドの足もと脇にある壁のへこみを利用してクローゼットに。賃貸なので洋服かけのポールはつっぱり式。ロールスクリーンを目かくしに。

押し入れ

布団や季節品、レジャー用品や衣類収納にも威力を発揮する大容量スペース。うまく使うこつは押し入れないことです！

第一目的は布団の収納

押し入れの基本寸法は、奥行き90cm前後、間口は一間（約180cm）ですが、「団地サイズ」と言われる間口160cm前後も多いようです。実際に布団を入れるときに開くのはその半分なので、敷き布団やマットレス（幅100cm前後）は入れづらく、毎日の上げ下ろしで苦労するようなら、ふすまをはずしてカーテンやロールスクリーンにしてもいいでしょう。

残りのスペースをどう使う？

布団以外のスペースには、座布団や衣服、行事品や季節外の家電、考え中のものなどが集まってきます。方針なく押しこむと、奥の方や天袋は不要品倉庫に。これを防ぐには――

・全体を大きく区分けし、入れるもののテーマを決める（p.29）
・キャスターつきケースや押し入れ用の引き出しを活用して、奥行きをむだなく利用
・箱や引き出しに中身を具体的に書く
・夏冬の寝具の入れ替え時などに、そうじをかねて総チェック　など。

衣類を入れるとき

押し入れにパイプをつけて洋服だんすがわりに使う場合は、可能なら、思いきって中段をはずしてしまいます。コートやロングスカートもかけられて使い勝手がよくなります。

たたんでしまう衣類は、押し入れ用の奥行きの深い収納ケースを利用すればかなりの量が入ります。引き出しの中を奥と手前に仕切って、奥を季節外にしてもよいでしょう。

ひな壇式の押し入れ

ふつうの押し入れは棚の間隔があきすぎて使いにくいと思い、3段に。上に行くほど棚板を浅く、ひな壇式にしたので、ものの出し入れがらくです。下段には引き出しをつけて枕カバー類を収納。（牧野恵美子さん）

子どものものを下段に

1間半の押し入れのある6畳間は昼は子どもの遊び場、夜は寝室として使っています。ふすま2枚は、はずして上段に手づくりのカーテンを。下の段は子どもが使いやすいので、衣服とおもちゃ（p.93、97）を入れています。左のふすま1枚ははずさずに、季節外の衣類と来客用の寝具座布団など、使用頻度の低いものを。（岡前輝子さん）

引き出しケースを使って

奥行き70cmの押し入れ用ケースに夫婦の衣類を。下段は同じ色の箱でそろえて季節外ジャケットとパンツ、セーター。左はパジャマ入れです。（田代優子さん）

来客用の寝具をおさめる

子どもたち家族が泊まりにくるので、客用布団は7組用意。間口160cmを100cmと60cmに分け、毛布やタオルケットもその幅になるようにたたみ、輪を手前に、色みも合わせて積んでいます。（大保直子さん）

千客万来　準備万端

3段に仕切って、上・中段に布団、座布団。下段の押し入れたんすの中に、バスタオル、パジャマ、シーツ、カバー類（手づくりの匂い袋を間に入れて）をまとめて収納。「急な泊まり客のときも、必要なものがすべてここにあるので、気持ちも体もらくになりました」（福原周子さん）

中段を下げて

立ててしまうムアツ式布団に合わせて中段を低めに設計。天袋をつけず、枕棚にしたので、入っているものはひと目でわかります。

（足立有希子さん）

子ども室のクローゼットに

フローリングに布団を敷いて寝ています。マンションの1階で、畳のようにうまく湿気を逃してくれないので、防湿パッドは欠かせません。
パッドと薄手敷き布団を、四隅のゴムでとめるシーツでまとめ、三つ折りに丸めて、立ててクローゼットへ。子どもでもかんたんにできます。
（増田聖子さん）

クローゼットに布団を

子ども室など、洋室に布団を敷いて寝る場合は、奥行き60cmくらいのクローゼットに布団を収納することになります。かけ布団（羽毛）は縦二つ折りにしてから三つ折りか四つ折りに。薄めの敷き布団（パッド）なら四つ折りのびょうぶだたみにすればおさまります。マットレスはクローゼット用の四つ折りタイプを購入した方がよいでしょう。

Wardrobe

衣類収納

衣類管理がゆきとどいてこそ、ほんとうの装い上手。
えらぶ、出す、着る、たたむ、しまうがらくにできる、収納法とは？

持ち数は多すぎませんか？

あなたの家のクローゼットは、満員電車のようになってはいませんか。ぎゅうぎゅう詰めでは衣類がいたみ、しわにもなってしまいます。限られた場所に使い勝手よくおさめるために、まずは自分の暮らしに合った持ち数かどうか、見直してみましょう（『基本の家事』p.30参照）。

どこになにをどうおさめますか

次に、吊るしたいもの、たたみたいものを分けて、それぞれの収納スペースと当たってみます。一覧性がよく、さっととり出せて、しわにならないのが吊るしておくことのメリット。一方、たたむ収納もやり方次第では、一目瞭然でとり出しやすい環境はつくれます。コート、スーツ類は吊るし、ニット、下着類はたたみ、ワイシャツやブラウスはパイプスペースに合わせて、どちらにするか決めましょう。

使いやすさと見た目の美しさは比例するようです。衣類の出し入れは頻度の高い動作ですから、スムーズに行える効率的な収納を！

Wardrobe

クローゼット

衣類は、人が着ている状態に近い形で収納できるとよいといわれます。ジャケット、ズボン、スカート、シャツなどはしわにもなりにくく、出し入れもしやすいので、なるべく吊るし収納がよいでしょう。

自分で管理

寝室の夫用クローゼット。収納のレイアウト、ブラシかけ、衣替えもすべて自分で。ワイシャツの入ったかごの手前にある小さなケースには、ポケットから出したものを入れる。ネクタイ収納は、P.92を。（三上隆さん）

機能的に、美しく

寝室脇につくりつけたクローゼット。パイプの左端は季節外、その次にワンピース、パンツ、右側にジャケット、ブラウスと丈をそろえて吊るし、1年分の衣類が一覧できます。丈に合わせて段々に配置した衣裳ケースには、下着、シャツ、セーター、小もの類が。「自分に似合う色を勉強し、5年かけてワードローブを整理し、現在の持ち数（P.35参照）は89点です」。（加藤道代さん）

1着1着ていねいに

夫（左）、妻の1年分の衣類を各114cm幅に。ゆったりと吊るしたいので、ズボンやスカートもふわっとたたんで、下の引き出しに。妻のスーツは同じ型紙でつくります。着まわしがきき、持ち数も少なくてすみます。手前のパイプは、その日着ていたものをかける一時置き場です。（種田洋子さん）

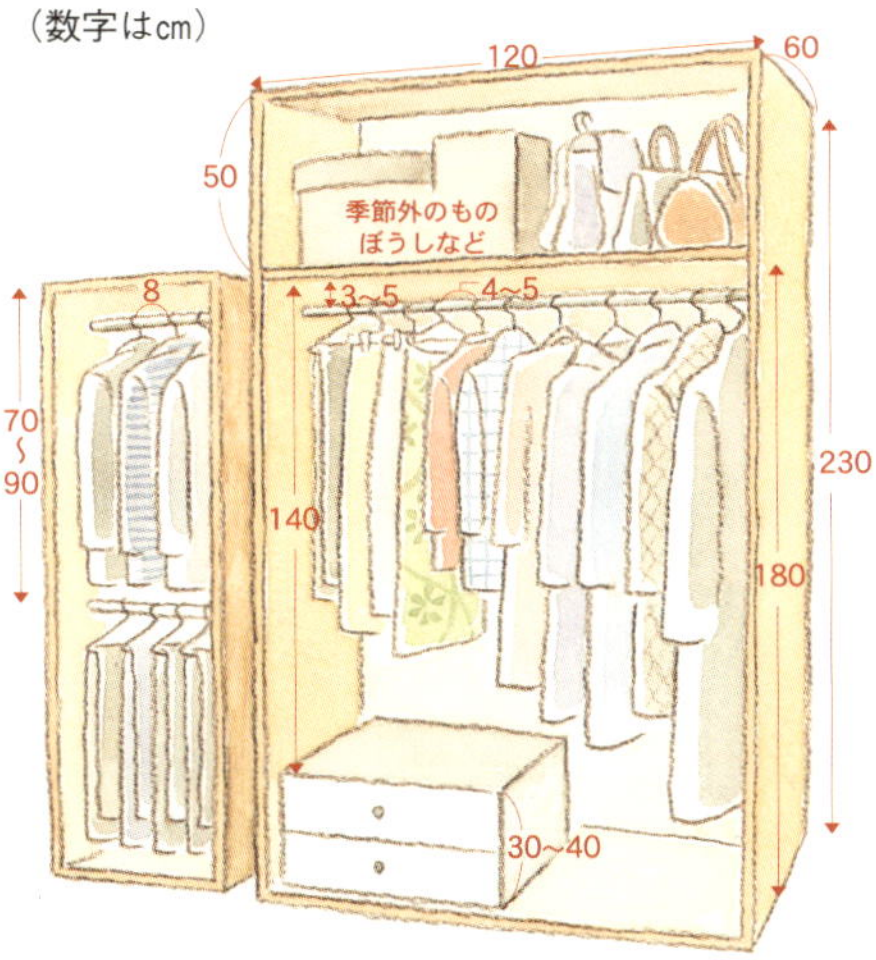

一般的なクローゼットのサイズ

＊棚板までの高さ

- 180cm：パイプ上、吊るしの下を有効に使うのによい高さ
- 150cm：かけるのがらくでロングコートも引きずらない高さ

＊ジャケットやシャツなど丈の短いものをまとめておくと、その下には、スカート・ズボンハンガー、または引き出し、かごなどを置ける。

＊吊るす間隔は、コートを含め厚手のもので 8 cm、薄手のものでも 4 ～ 5 cmは必要。

すっと手をのばしたくなるように

１人分を幅160cmのクローゼットに収納。大学で教えている夫は背広の数が少なく、１年分の衣類がおさまります。アイテムごとに整然とかかっていると、コーディネートもしやすいようです。（上里芳子さん）

ウォークインクローゼット

衣類収納専用の小さな納戸、ウォークインクローゼットは一覧性がよく、ワンアクションで目的の衣類がとり出せます。寝室につくることが多く、煩雑になりやすい「衣」の管理に魅力です。作業のしやすさを考えると最低2畳はあるとよいでしょう。

つくりつけを自分なりに使いやすく

マンションのつくりつけウォークインクローゼット。棚板が可動式なので、持ちものに合わせて無駄なく収納できました。（網屋真紀子さん）

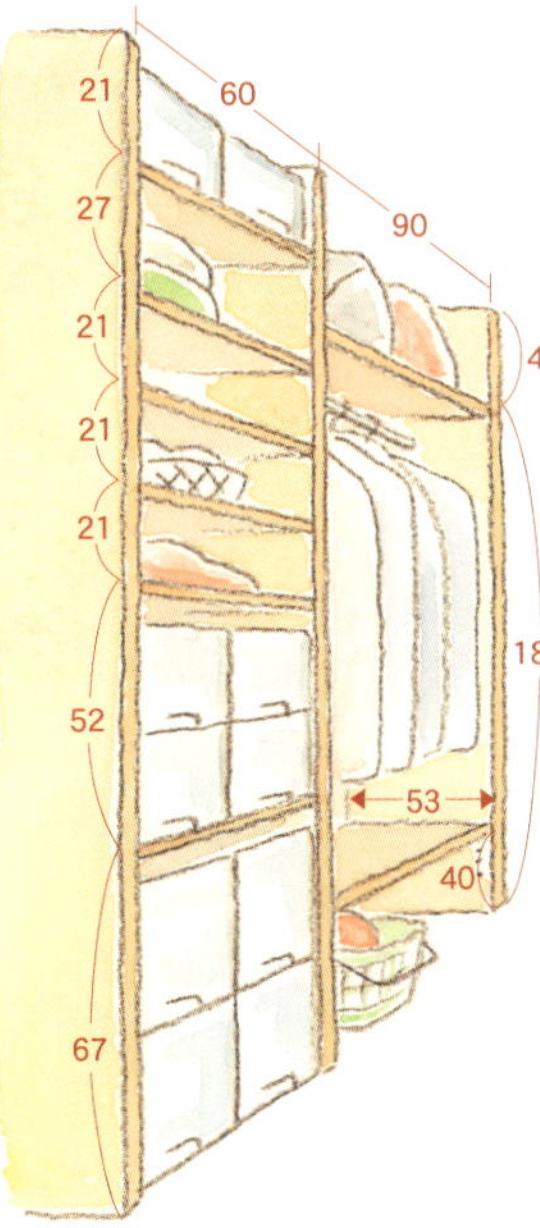

棚の奥行き53cmは、市販の衣類収納ケースもちょうどはまるサイズです。中身が見える胸の高さまでこのケースを置き、上の方は目のとどくオープン収納に。

丈の短いジャケットの下に、市販のズボンかけを置きました。

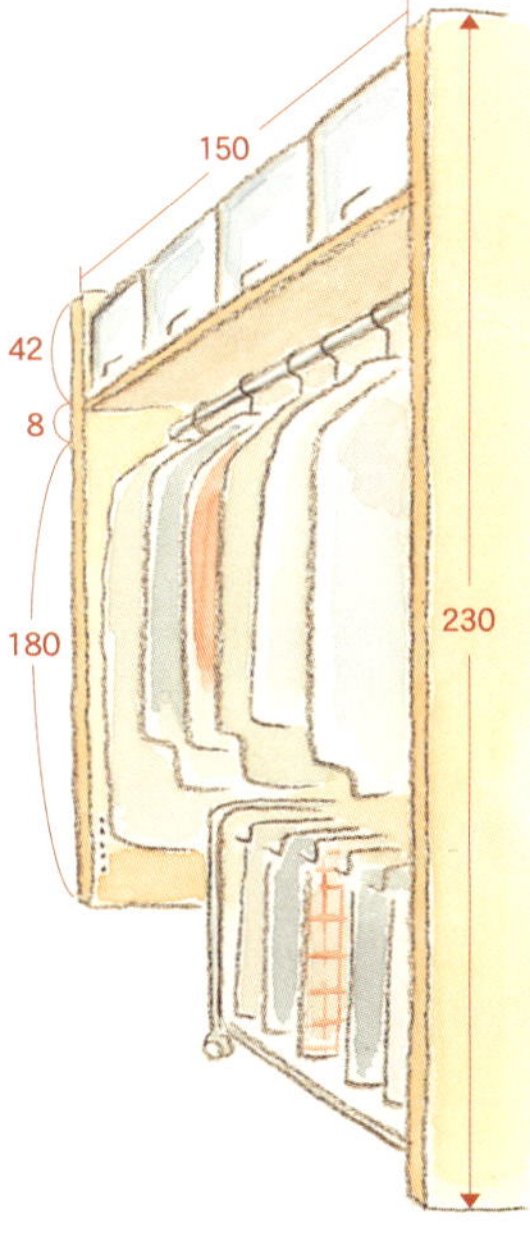

Wardrobe

衣類のたたみ方

たたんだ衣類をしまうのは、引き出しが便利。衣類はたたみ方やしまい方、仕切りの利用で、使いやすさも収納量もちがいます。出し入れしてもくずれにくく、たたみじわのつきにくい方法は？

下着類を１段に。厚紙でつくった仕切り（Ｐ.124）があるだけで、乱雑になりません。（引き出しのサイズ35×40×10cm）

ショーツ　見て美しくコンパクトに

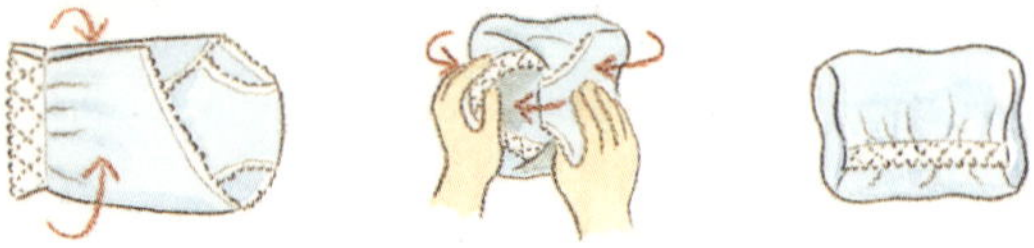

❶左右の脇を中心に向かって折る。

❷長い辺を三つ折りにしながら、ウエストの外側のゴム部分に片端をさしこむ。

＊子どものものは立てて入れるととり出しやすい。

ブラジャー　金具がひっかからないように

❶半分に折り、両方のカップを重ねる。

❷カップの裏に脇とひもを折りこむ。

スリップ　レースが見えるようにすれば、種類も一目瞭然

❶横二つに折る。スペースにあわせて更に横二～三つ折りに。

❷レース部分を外側にして巻きながら仕上がりの幅（引き出しの深さ）にたたむ。

くつ下　引き出しの深さに合わせて

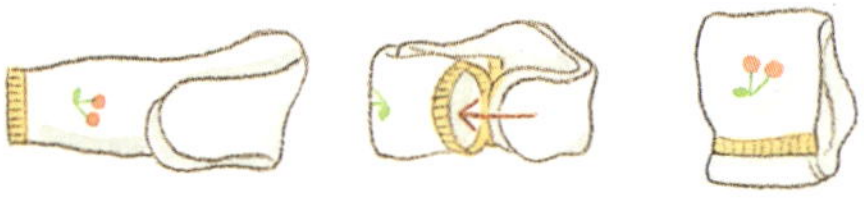

❶はき口側を引き出しの深さ分残してたたむ。

❷外側のゴムの部分に片端をさしこむ。

＊子ども用には三つ折りだけ、またはゴムの部分を返してまとめるのもよい。

ストッキング　平たい四角にするつもりで

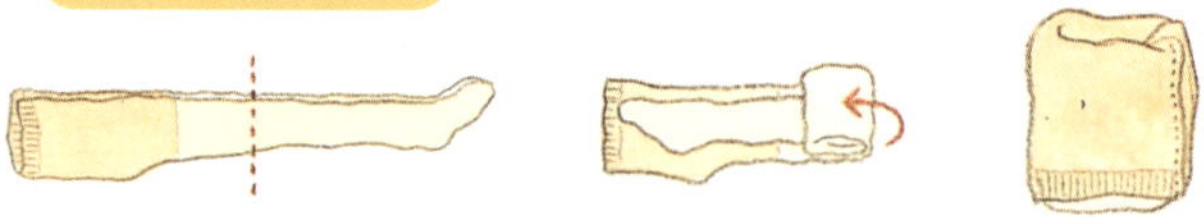

❶前側を内側にして縦二つに折る。中心から二つに折る。

❷全体の長さを引き出しの深さに合わせて折りたたむ。

❸最後に一番外側のゴムの部分で全体を包みこむ。

■季節外の衣類、収納時の注意

オールシーズンの衣類を一括収納できれば、衣替えの手はかかりません。とはいえシーズンオフになる衣類は、手入れをしたり、たたみ方を保管用に変えたりするなどの必要はあります。

一方、収納スペースの都合上、入れ替えをせざるを得ない場合も多いでしょう。

いずれにしても、まずはカビ、虫食いの被害にあわないためにも、汚れは完全に落とします。

吊るしてしまうものは、肩のラインがくずれない、厚みのあるハンガーにかけ、ほこりがつかないようにカバーをかけます。不織布の製品なら通気性もあり、中身が見えたり、防虫剤用のポケットのついたものもあります。

型くずれしやすいニットやソフト素材のジャケット、パンツは、たたんで収納します。押し入れやクローゼットのサイズに合わせた衣裳ケースに入れます。防虫剤（１種類）を入れてふたをきっちり閉め、見やすいところにラベルを貼っておくと便利です。

シャツ

パリッとアイロンをかけたシャツは美しいままでしまいたいもの。たたみ上がりの大きさが揃うように、引き出しに合わせた型紙をつくっておくとよいでしょう（右下写真の引き出しなら肩幅22cm×長さ30cmにたたむとちょうど４列収納できます）。

❶ボタンを止める。第１、第２、一番下の３カ所。

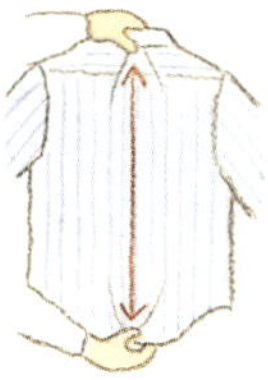

❷後ろ身頃を上側にして台に広げる。衿を押さえて前身頃の裾を引っぱり、縦横にしわを伸ばす。

❸肩線に型紙を当てる。

❹左右の身頃を型紙に沿わせながら折り、袖も折る。身丈を二つに折り、型紙をぬく。

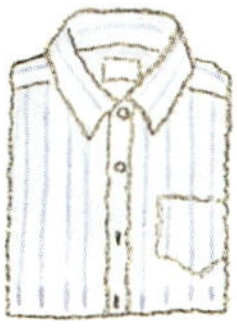

❺裾のはみ出した分を内側に折る。前身頃を上にして置く。
＊しまうときは衿の部分を交互にして。

ブラウス

綿100％のブラウスなら、シャツと同様にたたんでしまいます。ポリエステルやレーヨンなど、比較的しわになりにくいものの場合は、身丈を1/3か1/4にたたんで、衿の部分だけ重ならないようにずらしてしまう方法も。

普段のニットのしまい方

ウールでもしわになるので、ふわっとたたみ、見やすいように縦入れに。色順に入れるときれいでコーディネートも楽しくなります。奥は、モヘアや、たたみじわのつきやすい極細糸のカーディガンを平たく入れて。（引き出し100×40×10cm）

ニット、Tシャツ類

衿ぐりに折りじわをつけないたたみ方で。

普段用

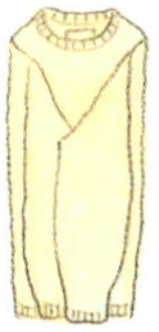

❶前身頃を上にし、左右身頃と両袖を内側に折る。

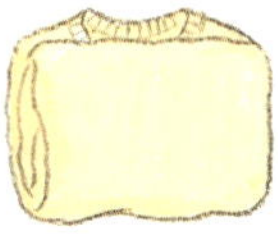

❷引き出しの深さに合わせて、横に三～四つ折りにする。

保管用

（衣替えの季節に）
保管用の衣類は、折り目をできるだけ少なくして平らに詰めるのがこつ。

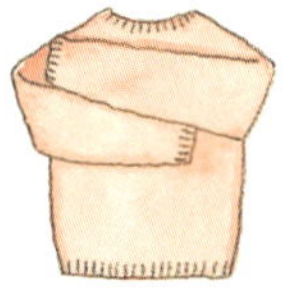

❶袖だけをほぼ真横に折り、上と下に角度をずらして重ならないように置く。

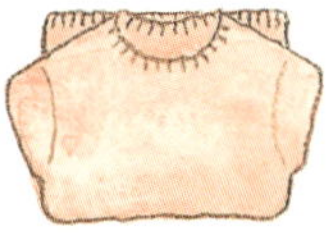

❷身丈が半分になるように横に二つ折りに。

丸めて立てて

30cm深さの衣裳ケースに、高さを合わせて丸め、立てて収納したカットソー。上から見てさっとえらべます。柔らかすぎて形がとれないものはケースを利用します。（加藤道代さん）

「出かけるときグッズ」をひとまとめに

夫のくつ下、ハンカチ、ポケットティッシュをひとつの引き出しに。外出支度がスムーズになりました。厚紙と牛乳パックで仕切っています。（岡井乙代さん）

細かい仕切りが収納上手の秘訣

衣裳ケースの中に仕切りケースを入れて、夫婦のくつ下を。さっとえらべて、しまいやすい、指定席方式は自己管理が長続きします。（田代優子さん）

Wardrobe

小もの

- ネクタイ
- スカーフ
- かばん

着こなしに彩りを添えたり、ポイントを効かせたり、さり気ないセンスを演出する小ものたち。コーディネートしやすいように、ひと目で見られて、しわや傷みのつかない収納にしましょう。

ネクタイ スカーフ

えらびやすく、とり出しやすい収納を。重なっていたり、折りじわがついたりしないように。

ネクタイハンガーに

クローゼットの奥にネクタイハンガー用のパイプをとりつけて。夫が自分でえらび、管理しています。（星野瑞枝さん）

丸めて並べる

仕事柄ネクタイの持ち数は約40本。すべてクローゼットについていた和服用の引き出しに、色ごとにかためて並べている。傷まず、えらびやすく、もどしやすい。（三上隆さん）

箱で仕切り、たたんで

スカーフ、マフラー、ショール、ベルト、手袋はこの一箱にたたんだり丸めたりして。スカーフは「生活の中で映える色」と思い自分で染めたもの。ていねいに保管しています。（青木裕子さん）

かばん

形も大きさもさまざまなかばんは、使いたいときにさっととり出したいけれど、意外にしまいにくいものの一つ。ふだん使いでないものは、適宜間隔をあけ、余裕をもって「席」をつくり大切に保管しましょう。

カバーをつくり、大事に保管

皮のハンドバッグは、ちょっとしたことでも傷になるので、シルクのシーツから手づくりしたカバーに包み、たんすの上部に置いています。（青木裕子さん）

ファイルボックスに立てて

倒れやすい小さなかばんやハンドバッグは、クローゼットのパイプ上のスペースに、立てて収納しています。一目瞭然でとり出しやすい。（星野瑞枝さん）

Wardrobe

子どもの衣類

子どもにとって、自分の衣服管理は自立への一歩。3～4歳になったら、出しやすい子どもの胸から下の高さに見やすく入れてやり、下着、ハンカチなどを出すことから自分でするようにしていきましょう。たたむ練習も、下着やパジャマなどかんたんなものから。引き出しは、奥行きも深さもあまりないものが、使いやすいようです。

目のとどく高さに

子ども部屋を出たところの、廊下のくぼみを利用してチェストを置き、妹（4歳）は下の引き出し2つ、姉（小1）は上2つに。子ども用のハンガーかけのおかげで、幼稚園の制服、かばん、帽子などの身支度がひとりでできるようになりました。（網屋真紀子さん）

自分で出し入れできるように、下の2段を次女の場所と決めています。

「朝セット」「夜セット」

真ん中の段にはシャツ、トレーナー、ズボン、くつ下の「朝のお着替えセット」、下の段にはパジャマ、下着の「夜のお着替えセット」が。1かごの中にそのときに必要なものがそろっているので、息子（4歳）もやりやすいよう。（加藤真理さん）

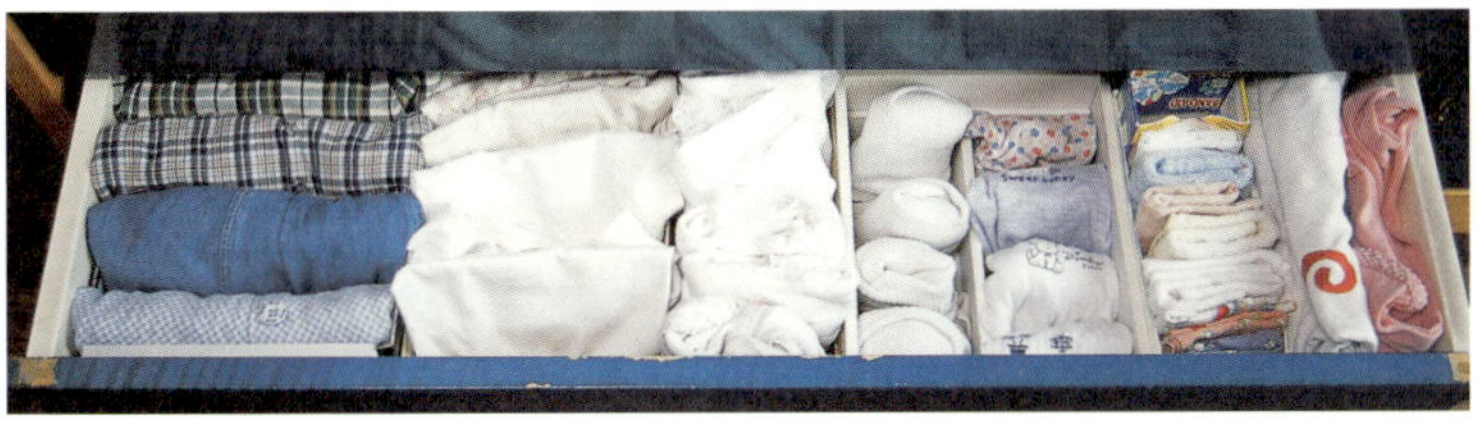

1列1アイテム

何度もあけなくてよいように、下着からスカートまでをこの引き出し1段に。段ボールや空き箱の仕切り（つくり方p.124）は、成長に伴うサイズやアイテムの変化に合わせられるので、子ども服の収納には便利です。（オバーン京子さん）

ひと目でわかるマークをつけて

引き出しになにが入っているかがわかるように、下着やTシャツの絵を描いてケースの前面に貼りました。中は、ごちゃごちゃしないように牛乳パックを利用して。（岡前輝子さん）

引き出しの前面

Arts & Craft area

手仕事コーナー

デザインから創作へ。オリジナルの作品を生み出すための、こんなコーナーがあったら……。

夢を形にする場所

1枚の布、ひとつの毛糸玉から、形あるものをつくりだす作業ほど、手と頭を生き生きとさせるものはありません。既製の衣服や工芸品がかんたんに手に入る今でも、そんな楽しみは忘れたくないですね。

こんなものをひとまとめに

手仕事は毎日の家事の中で少しずつすすめる方が多いでしょうから、中断しても広げておける専用スペースがあると、能率はずっとよくなります。そうでなくても、ミシンやアイロン、小道具のほかに、布や糸などの材料、つくりかけのものなどのために、大小の引き出しや箱を置く場所があると便利でしょう。

参考書籍やスケッチブック、型紙などもまとめて置いておけば、構想から仕上げまでが1カ所でできて、さながらわが家のアトリエです。

チェストを利用して

幅60㎝、高さ70㎝、奥行き42㎝の三段の引き出しに、丸棒の足を一本足し、長さ160㎝の天板をとりつけて作業台にしました。板はホームセンターでカット。アイロンかけに、ミシンかけにと、大活躍です。(岡井乙代さん)

いつでもとりかかれるように

子どもの勉強机だったものを利用して、ミシン、アイロン洋裁小もの、そしてCDラジカセをセットして。エプロン用の布などは、気に入ったものに出合ったときにそろえておきます。音楽を聴きながらの手仕事は、私の大切な時間です。(高橋美穂さん)

洋裁道具を3つに分けて

ひとつははさみ、へら、ルレットなどの用具。もうひとつには、針と糸、ゴムなど。3つめはボタン、バックルなどを、空き箱利用の仕切りで混ざらないように。

小布をコンテナに

パッチワークや小ものづくりのための端切れ。コンテナボックスの深さに合わせて立てて収納。柄や色が一目瞭然です。

アイロンも引き出しに

手仕事をする部屋の4段の引き出しに、アイロンと洋裁小ものをまとめています。アイロンは霧吹きとセットにしておき、箱ごと引き出して使います。古毛布のアイロン台もそばに。

（星野瑞枝さん・写真左2枚も）

花と緑の織物工房

安本十九子さん

織物、油絵、パッチワークなど、美術と手工芸、ガーデニングが大好きです。生まれ故郷の福井に家を建てるとき、夢だった織物工房をつくりました。機織り機が大小6台あり、口コミで集まった生徒さんに週に一度ほど織物を教えています。

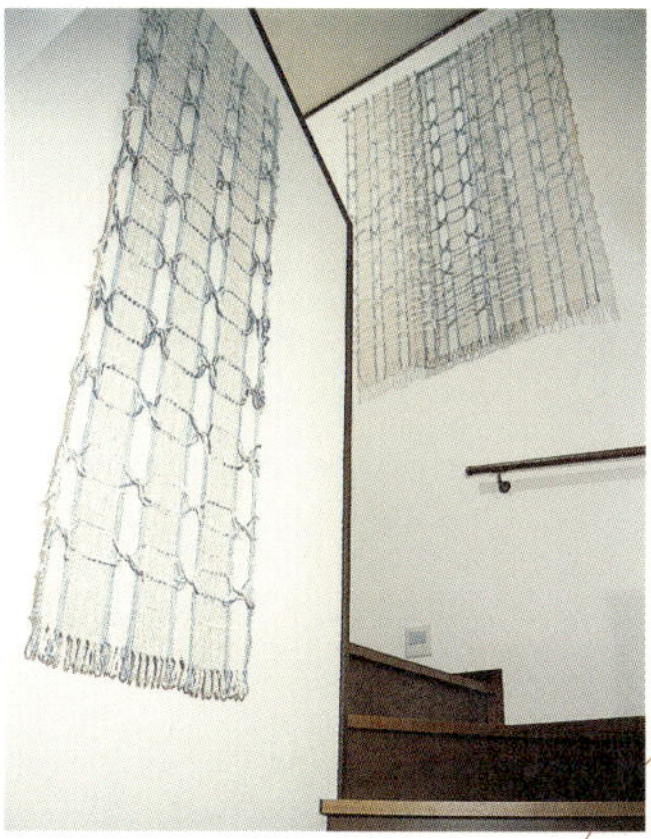

夏のタピストリー

麻糸と綿糸で涼やかに織り上げて、階段の大きな壁に。

糸は自分で染めて

あかね、セイタカアワダチソウ、巨峰の皮、玉ねぎ、桜、梅の枝などで染めた糸のかせ。オープン棚に色ごとに分けて並べています。

工房はリビングのつづきに

家族から隔離されることなく、木々や緑、花々を身近に感じられる場所、ということで、リビングの3分の2をしめる、この広い空間ができました。

テーブルセンター

白に近くまで色をぬいた生成りの麻糸で織って。

Children's room

子ども部屋

子どものやわらかい感性をのばし、創造の力が育つ部屋。ものを大切に使いつづける心と、役割を終えたときにどうするかを決める目も養いながら――。

ものと場所を大切に思う気持ちから

子どもにとって〝自分だけの場所〟には、どんな思いがつまっているのでしょう。たとえベッドの1段でも、小さな机ひとつでも、手に入れた〝基地〟を誇らしく思ったり、どうしようかとわくわくしたり…。それは、その場所を大切にしたい気持ちともいえるのではないでしょうか。そんな気持ちに親が上手に寄り添いながら、現実の場所づくり、やがては部屋づくりに役立てていかれればと思います。

自分で管理する力を

自分の持ちものを管理すること、身のまわりの整理整頓をすることは、生活習慣として少しずつ身につけていきたいことです。なにをどう取捨選択するか、どこにどのようにおさめるかは難しいことで、幼いうちほど親の手助けが必要です。

幼児期のおもちゃ、衣類、絵本はどうしても増えてしまいがち。シーズンごとに見直すなどしないと、あっという間に収納スペースから溢れてしまいます。おもちゃは、子どもといっしょに「いる、いらない」を考えるときを持ちましょう。また、思い出をよみがえらせる作品なども、すべてをとっておくわけにはいきませんから、しばらく飾ったら、写真に撮って保存する方法もあります。まずは〝なにを大事にするか〟を話し合うことが大切です。

小学生になると、子ども部屋に勉強のための机、椅子、ライトをそろえる家が多いようです。低学年のうちは、親の目のあるリビングなどで宿題をする方が多いでしょうから、当分机は学校のもの置き場でもかまいません。学用品、文房具、プリント類などアイテム別に置き場を決めたら、もどしやすく収納することが大切。文房具や「宝もの」など形や大きさの違うものは、仕切りや箱を用意して、整理整頓がしやすく長続きするように助けてあげましょう。

小学校高学年、中学生ともなると生活の幅が広がり、楽器やスポーツ用品などの持ちものが増えます。プライバシーを強く意識し始めるので、そうじや整頓も本人にまかせ、自立への訓練の場に。

中学生の部屋

野球、ギターが趣味の長男の部屋。天井までのクローゼットのおかげで、意外にすっきりと。1年分の衣類も自己管理。クローゼットは、身長に合わせて高さを変えられるようにと、可動式のパイプです。机は祖父が使っていたシンプルなもの。（伊藤容子さん）

成長とともに変化する部屋に

幼児期の子どもスペースは、リビングやキッチンなどにいる親から目の届く部屋が望ましいでしょう。兄弟がいる場合、遊び中心の時期ですから、兄弟それぞれの個室をつくるよりも、可能なら1つの広い遊び場を、成長に伴って2つに分けられるとよいでしょう。また、2つの部屋を遊びの部屋と眠りの部屋に分けるというスタイルも一案です（p.100～101参照）。子どもの成長に対応するためには、組み合わせの自由なシステム家具は、重宝なものです。

少しずつ自分でできるように

南側の明るい和室の一角に長男（4歳）のコーナーを。ダイニングからも視線の通る位置です。幼稚園の制服や帽子は手の届くところにと、木の枝をひもで吊るしてハンガーかけに。収納も、なるべく自然素材のかごを使って。（岡前輝子さん）

乗りもののおもちゃが大好きです。牛乳パックで1台ずつの家をつくって。ディスプレイとしても楽しく、遊んだ後もきちんともどせます。（岡前輝子さん）

小学校入学を機に

小1と5歳の娘のために夫が手づくりにした机と袖引き出し。机の天板はメタセコイヤの1枚板で幅175cm、奥行き50cm。落ち着いて勉強をしています。p.76参照（渡辺美沙さん）

学習用（書きもの）の机と椅子の高さ

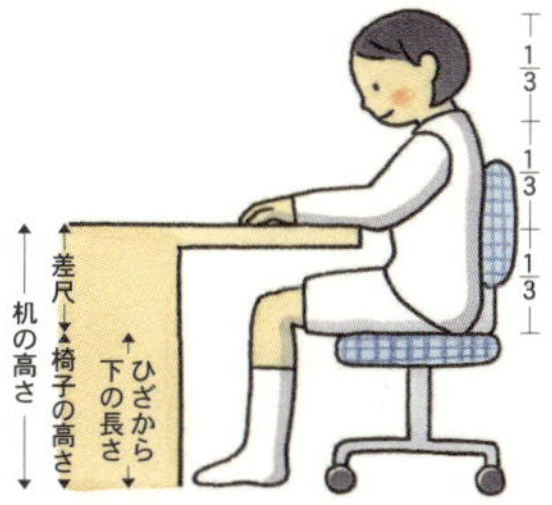

椅子の高さ＝ひざから下の長さ－1cm

机の高さ＝ひざから下の長さ＋$\frac{座高}{3}$－1cm

机と椅子の高さで重要なのは、椅子の座面から甲板までの高さ（差尺）。

机が低いと前かがみになり、高すぎると手の動きが制約を受けます。身長120cmなら22cmくらい。おとなでは27～30cmくらいとなります。

Children's room

片づけも楽しく

2歳くらいまでは、大部分を親が片づけながら、分類の仕方やきれいになった気持ちよさを伝える時期。3歳をすぎるころから、少しずつ「自分でできた」達成感を味わえるように環境を整えていきましょう。
片づけがたいへんすぎるときは、少しおもちゃを整理してよく使うものだけ出すようにします。

「つづきはまた明日」

4歳の長男の部屋は、リビングつづきの和室6畳。おもちゃ、本、遊び道具、衣類などを手の届く低い位置にレイアウト。遊びの中で、自分の世界をつくり出していかれるような、ゆったりとしたスペースです。1人でできるようにと、ものを積み重ねず、出し入れしやすいようにしました。ブロック遊びは、時間で終わりにできないこともあるので「つづきは明日」と、そのままの状態で置くこともあります。＊衣類の扱いについてはp.93参照

アトリエのように使える部屋

加藤真理さん

お気に入りは身近に

子どもが好きな本、親が読んでやりたい本は、表紙が見えるように、かごに並べています。楽しい表紙が見えていることで、内容をくり返し味わって、心に焼きつけているようです。

自然素材の入れものに

手になじむかごに、おもちゃを入れかえて。派手な色のパッケージがいくつも並ぶと、部屋全体に落ち着きがなくなります。

姉妹共有のおもちゃ・本棚

夫が独身時代に使っていた家具を組みかえて、子どもの背の高さに合うようにしました。引き出しには積木をそのまま入れたり、姉（小1）、妹（4歳）それぞれの専用「宝もの」入れも。ガラスのフラップ式扉の中は、画用紙などの紙類を入れるのにぴったり。（網屋真紀子さん）

ボックス収納ですっきりと

子どもたち（小1、4歳）のお気に入りのベンチと、バスケット。子ども部屋の隅に置いて、サイズも形も違うおもちゃをまとめて収納しています。（渡辺美沙さん）

立てたり置いたり、深めの棚も上手に利用

子どもたち(小3、小2）の部屋のロッカーは、片扉分を1人のスペースとし、一番下にランドセル、真ん中にノート、一番上には立体作品など。こうすると、せまい机の上がごちゃごちゃせず、出し入れも楽です。（増田聖子さん）

大きなラベルでわかりやすく

子どもたち4人共有の工作用具やゲーム、パズルをリビング入口のつくりつけ棚に。ラベルを貼って引き出しで細かく分類。使ったらもどす習慣がついてきました。（増田聖子さん）

2つの部屋をフレキシブルに

兄弟がいて、人数分の部屋がある場合、いつどのように個室を割りあてるか、それらの部屋をどのように使うかは、考えどころですね。小1と5歳の兄弟の子ども部屋の工夫です。

兄が学校に行っている間は、机の上も「ぼくの天下」。ブロックを広げて、じっくり遊びます。

動の部屋、静の部屋

田中園実さん

入口から見たところ。窓際のロッカーとベンチに、おもちゃや本を。つくりつけのクローゼットには季節外の衣類を。

廊下をはさんで向かい合わせに、5畳ほどの部屋が2つ。ひと部屋を勉強と遊びのために、ひと部屋をベッドルームとして使っています。家具はナチュラルブラウンと白を基調に、やさしいブルーがほどよいアクセントの北欧のシステム家具で統一。ものの置き場などは少しずつととのえてきました。いずれ、本人達が希望したら、それぞれの個室にするつもりです。

収納棚の中。下2段は、ボックス収納にしたおもちゃを並べて。箱ごととり出すので、もどすのもらく。一番上のアルバムは親が管理しています。

机の下の引き出し。上段は兄の学習プリント類、下段は積木やブロック。

子ども部屋について

　子ども部屋は、子どものインテリアの勉強の場と考えてはどうでしょう。家具の配置を変えて、空間がどう変わるか体感させたり、カーテンもあまり価格の高いものをえらばず、年齢に応じて取り替えて(加工してクッションカバーにしても)、感覚を鍛える場にしたいものです。カバー類も1枚でずいぶん部屋の雰囲気が変わります。
　勉強机は小学校に入ったからと与えるのではなく、少し大きくなるまで待って、本人のテイストがはっきりしてからえらぶと長く使えます。机の向きは壁に向かって置くのがふつうですが、逆に壁を背にしてドアに向かって置くと、しぜんと机の上をきれいにすることを学べます。本棚は低めのものを椅子の後ろに置けば、部屋全体がすっきりした印象になるでしょう。

(橋本真子 p.128)

色みにこだわった部屋づくり

ピンクの壁紙に、ピンクの照明、落ちついたグリーンのベッドのあるここが、子ども部屋。長女が5歳のときに絵を描いたカーテンが、わが家のシンボルに。＊詳しくは『基本の家事』p.14参照
(オバーン京子さん)

左が弟、右が兄のスペース。本棚がわりの棚もシンメトリーに配して、それぞれの持ちものを。

静の部屋・ベッドルーム。たんすを置いて、ふだん着る衣類を収納しています。

Bathroom
Laundry room

サニタリースペース

洗面所、トイレ、洗濯コーナー…家族みんなが1日に何回も使う場所。
家の〝すっきり度〟のバロメーターともいわれます。

洗濯コーナーと兼用の洗面所は、さまざまな洗剤類、ヘアケア用品、洗顔グッズなどが集まって雑然としがち。色みをそろえたり、使っていないものを整理して、何をどれだけ持つかを見直してみましょう。子どもの小さいうちは、着替えやトイレの用事が気持ちよくできるように関連品を近くに置く、それぞれが身だしなみ用品を持つようになったら、1人分ずつかごなどにまとめておく、毎日洗濯ものが多いなら、その作業がスムーズにできるようになど、家族構成や条件によって、どの要素を優先させるか考えるとよいでしょう。

洗面台横に5人分の着替え

引き出しに1人1段、家族5人分の下着とパジャマ、タオルをおさめています。後ろが浴室なので着替えるときに動作がスムーズ。オープン棚は、替えのパジャマとタオルです。（伊藤容子さん）

Bathroom
Laundry room

洗面化粧台周辺

台に出ているものをなるべく少なくすると、汚れの目立ちやすい水まわりをきれいに保つのがらくになります。

1種ずつケースにおさめる

綿棒、コットンパフなど、ばらばらしやすいものは1アイテムずつクリアーケースに入れると使いやすく、清潔感も。他のものも色をそろえ、同じ形を集めて美しく配置します。
（熊丸真理子さん）

細々したものは、扉の中へ

歯みがき用品などよく使うものはオープン棚。小布を敷いたかごの中には家族それぞれのコップが入っています。化粧品など雑然としがちなものは上部の扉の中へしまいます。（上里芳子さん）

色調をそろえて

タオル、カバー、マットなどさまざまなファブリックが集まるスペース。お客さまが使うことも多いので色調を統一してやわらかい印象にまとめました。家具類は乳白色でそろえ、小花をモチーフにした壁紙に。レースやピンクの布づかいを楽しんでいます。手前のチェストには下着、左側の4段引き出しには、消耗品、タオル類が入っています。（平松経子さん）

Bathroom
Laundry room

洗面台の下

バス用品、着替え、洗濯用品を置くのに便利なところ。家の中心にあるなら、「こまめそうじ」の道具を置いても（p.108）。排水管のあるスペースを上手に使いましょう。

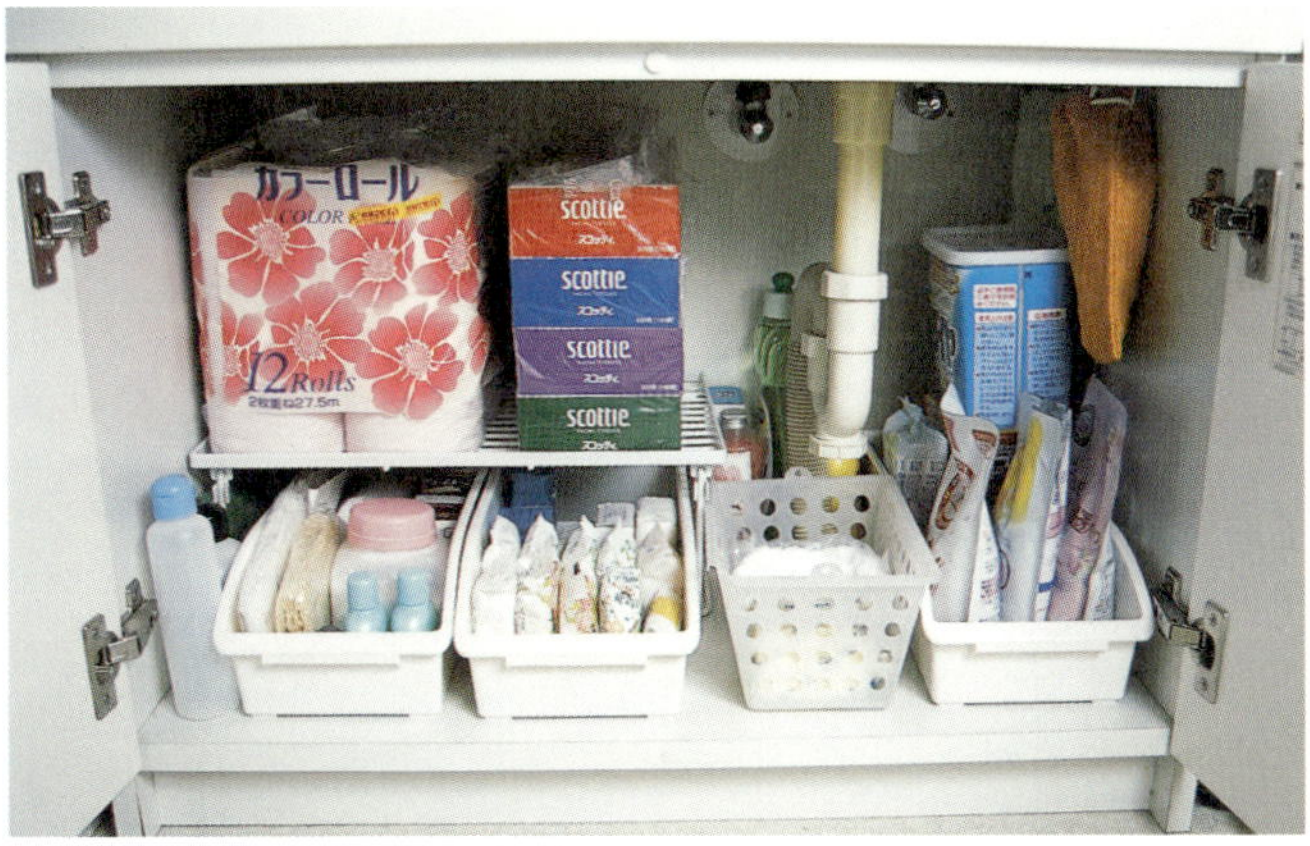

在庫が1単位置けるように

排水管をよけてコの字台、プラスティックトレイを置き、石けん、シャンプーなどの予備を。台の上にはトイレットペーパー、ティッシュペーパーが購入時の1単位置けます。そうじしやすく、清潔に保てるように白い容器をえらびました。（星野瑞枝さん）

ハンガーをファイルボックスに

からまりがちな洗濯もの干し用のハンガーをA4のファイルボックスに立てて入れ、ボックスごと引き出して使います。腰をかがめずにさっととり出せます。（関矢清子さん）

着替え、洗濯かごを引き出しに

4人の子どもたち（小3・小1・5・2歳）がおふろから上がってすぐ着替えられるように、洗面台下の引き出しに仕切りをつけて、下着と紙おむつを。（増田聖子さん）

洗濯もの用のバスケットは片そでの引き出しの中に。（増田聖子さん）

洗濯用品を2カ所に分けて

ふだんの洗濯、そうじに必要なものは最低限にしぼり、このラックにおさまるだけ。ペットフード、容器、雑巾など犬用グッズもトレイにのせて洗面台下に。

部分洗い、のりづけ、おしゃれ着洗いは洗面台でするので、用具、用剤を台下の引き出しひとつにまとめています。（浜田節子さん左も）

洗濯機のまわり

サニタリースペースは手狭になりがち。洗濯機上の空間を生かすと、洗濯用品、タオルの予備など収納できます。

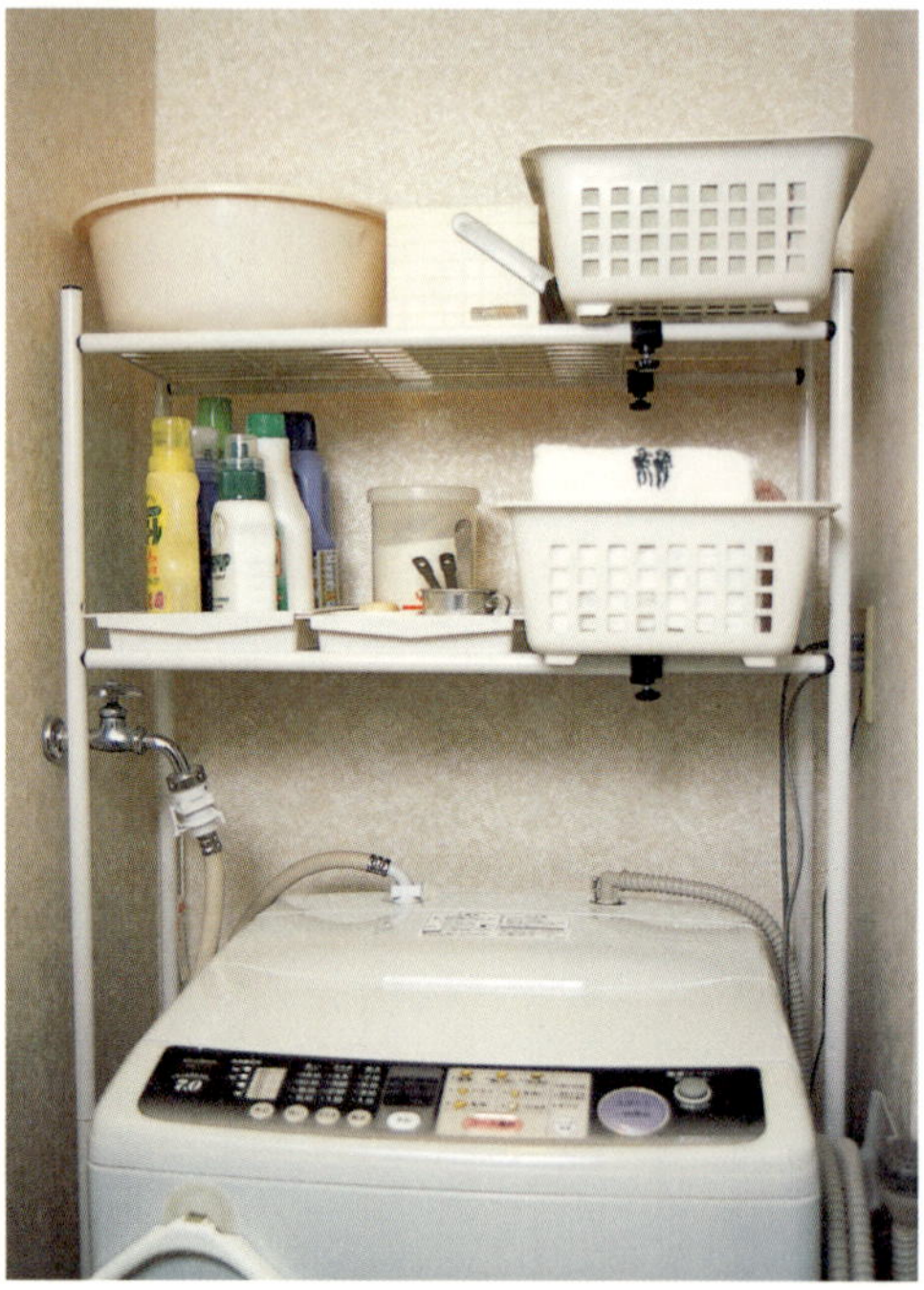

ラックを組み立てて

市販のシステムラックを利用して棚を設置。タオル類はかごに、洗濯用品はトレイに。色みがそろっているとすっきり見えます。(安城洋子さん)

洗濯機上を有効に

収納場所が少ないので、洗濯機の上は貴重なスペース。下段にコの字レールをとりつけ、バスケットが引き出せるようにしました。タオル、衣、住の洗剤、消耗品などほとんどがこのスペースにおさまります。前面には目かくしカーテンを吊っています。(岡前輝子さん)

洗面台の横に

すき間にぴったり合うよう棚をつくりました。からまりやすいピンチつき角ハンガーは、立てて収納。ふだんは目かくしのカバーをします。上段にはめがねボックスを。顔を洗う場所の必需品です。(岡前輝子さん)

寒冷地の室内もの干し場

洗濯をする場所には、その近くに干すための用具もあると作業がひとつづきにできます。家の中に干す場合は湿気対策に気をつけて、なるべく高いところに。

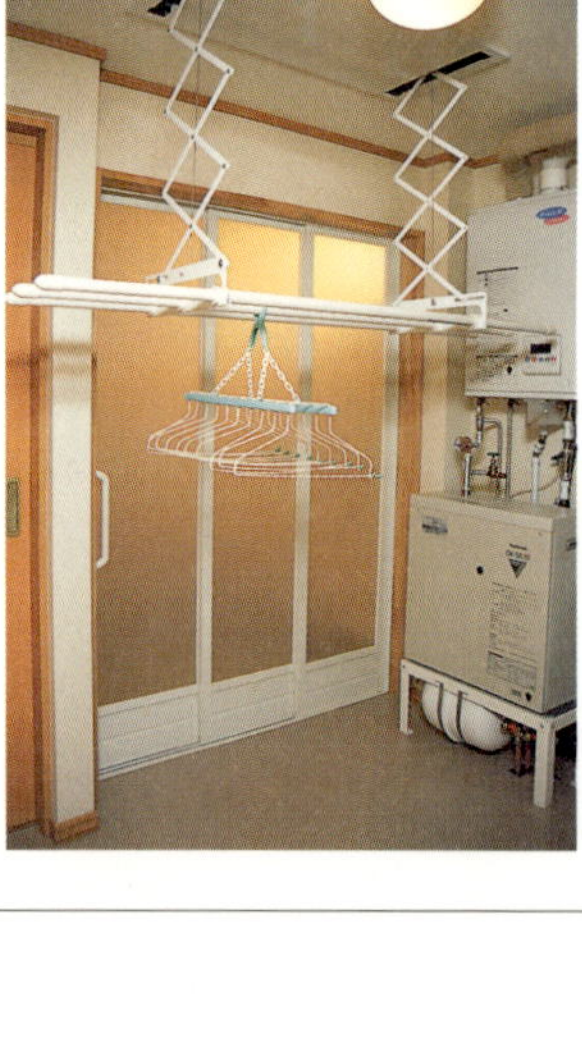

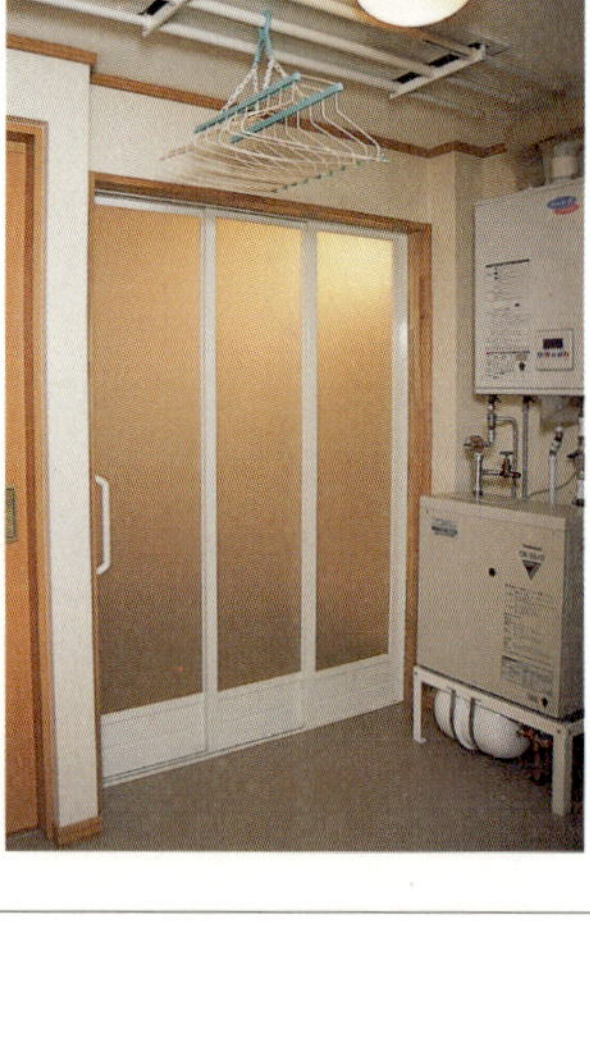

昇降するもの干し機

札幌では洗濯ものを外に干せないことが多く、将来の暮らしにも備えて、浴室前のユーティリティーに、電動で竿が上下する干し場を設けました。天井近くは空気が乾燥しているので気持ちよく乾きます。(加藤道代さん)

Bathroom
Laundry room

トイレ

ロールペーパーやタオルの予備は、手近に置きたいものでしょう。小さなものなので、目立たないように、清潔に。

手づくりのタオルボックス

ミニタオルは２段目に収納、使ったら上の箱へ。
本体の色にそろえて箱をペイント。
（関矢清子さん）

壁に浅い棚を

ロールペーパーひとつ分の奥行き。
手織の布をさげて目かくしに。
（安本十九子さん）

小さなスペースを楽しく

つっぱりラックを利用してタンクの奥に棚を設置、グリーンや小ものを飾っています。
カーテンも手づくりに。
（上里芳子さん）

使いすぎていませんか

消耗品の目安量　４人家族　子ども２人（小学生、幼児）の場合

	１カ月分	１年分
トイレットペーパー（雑古紙）	シングル100ｍ巻×4個	4個×12カ月＝48個
ティッシュペーパー（再生紙）		200組×10箱
衛生用品	25個	25個×12カ月＝300個
歯みがき粉	１日１回0.5g（あずき大）×４人×30日＝60g	60g×12カ月＝720g　170g入り約４本
化粧せっけん	１カ月３個（浴用２個、洗面用１個）	３個×12カ月＝36個
シャンプー	おとな１回3ml（ポンプひと押し）×２人×15回＝90ml 子ども１回1.5ml×２人×30回＝90ml 計180ml	180ml×12カ月＝2160ml　700ml入り約３本
リンス	おとな１回3ml×２人×15回＝90ml 子ども１回1.5ml×１人（幼児除く）×30回＝45ml 計135ml	135ml×12カ月＝1620ml　700ml入り約２本

全国友の会南関東部「目安量を考えるグループ」の報告より

Entrance

玄関

一歩足を踏み入れたとき――、お客さまにはもちろん家族にも、その日の家の状態が伝わる大事な空間です。

玄関は家の顔。たたきがすっきり片づいているかだけでなく、全体の色あいや小ものの置き方など、自分の目で確かめてみましょう。

くつやスリッパだけでなく、かさ、コート、ぼうしなど外出に必要なものの置き場所があると便利です。子どもの外遊び道具、スポーツ用品、戸外へ持ち出すレジャー用品など、玄関の近くに置きたいものはたくさんあります。限られたスペースの中で、毎日使うものを優先に、棚や、扉の裏など見直すと、置き場所のヒントがあるかもしれません。

玄関のすっきりを持続させるには、一人一人がくつをそろえてぬぐ習慣も欠かせませんね。

灯りを効果的に

くつ入れの上は絶好のディスプレイコーナー。子どもの作品やお気に入りの絵を飾って楽しみます。壁は夫がペイントしました。（オバーン京子さん）

子ども専用のコートかけを

子どもの手が届く高さにコートかけをつけました。引っかけやすいようにコートにもループをつけて。ぼうし、かばんも自分でここへ（網屋真紀子さん）

夫手づくりのキーボックス

フックが8個ついた、丈夫な箱型。もう25年間、転勤のたびに持ち歩いてきました。つくりつけ収納棚の側面の、玄関を入ったところからは見えない場所についています。（加藤道代さん）

わが家らしい玄関に

マンションの玄関はどこも同じようなつくり。「わが家らしさ」を演出しようと、夫とリフォームしました。正面にあったくつ入れを左側のもの入れに移動。たたきにはテラコッタと白い石を敷き、壁はパイン材の腰板を貼って、上部に珪藻土を塗りました。スイッチカバーもおしゃれに。（栗山晶子さん）

上着やコートをとり出しやすく

玄関の壁2面を収納棚にしました。くつ入れ（左ページ）ともうひとつが幅1mのこのクローゼット。子ども3人のジャンパーは扉裏に。それぞれ自分でここにかけます。（伊藤容子さん）

一時置き場のあるくつ入れ

スリッパ入れの横に、「外に出ていくもの」の棚。上段は懐中電灯、キーケースなど常駐品。2段目からは、現像に出すフィルム、返却する容器など。ここに置いておけば忘れずに、外出のついでに持って出られます。いちばん下は古新聞紙。キャスターがついているので、すっと引き出して毎日ここに入れ、回収に出します。

3足並べるには少し幅が足りないので、前後互い違いに入れています。季節外のくつは箱に入れるとかさばるので、手づくりの袋に入れて、名札をつけて。（関矢清子さん左も）

出しっぱなしゼロのシューズクローゼット

マンションの玄関に「くつ入れ」はなく、入って左側の扉を開けると約1㎡のシューズクローゼットに。オープン棚なので入れやすく、玄関の出しっぱなしはゼロ。1人1段4足分割りあて、4人の子どもたちと夫婦のくつ、スリッパ、かさ、大工用品、ボールやラケットもここに。（増田聖子さん）

外遊びグッズもくつ入れに

幅120㎝のくつ入れ。2㎝刻みで高さを変えられるので収納力は抜群です。中ほどの浅い箱には、外遊び用のおもちゃ、マフラー、ぼうしなどを。（伊藤容子さん）

くつ箱に絵を

中身がひと目でわかるには、絵を描いてラベル代わりに貼ります。（加藤瑞枝さん）

Broom closet

そうじ道具・住の棚

暮らしに密着したそうじ道具や消耗品。「住の棚」に集めて使いやすく整理整頓を

どの家にも必ずあるけれど、家によって置き場所がまちまちなのが、そうじ道具をはじめ住関係のものでしょう。ふだんのそうじ用品は、よく使う場所のなるべく近くに置くと気軽にとりかかれます。そうじ機、ほうき、モップなど、形の長いものがあるので、高さ100cmくらいの収納場所が、家の中に1カ所は必要でしょう。

そうじ機用紙パック、使い捨て布などの消耗品や電球、荷造り用品なども1カ所にまとめておくと、さがすのにも補充するのにもらくです。包装紙、袋、ひも、輪ゴムなどは一定量を整理して置けば役立ちますが、むやみに集めるとガラクタに。箱や容器など、入れもののスペースで限度をつけて、ためこまないようにしましょう。

奥行き17cmのそうじ棚

サニタリースペースの一角につくった幅43cm扉つきの棚（左手のドアはバスルーム）。そうじ機以外はここにひとならべできます。（関矢清子さん）

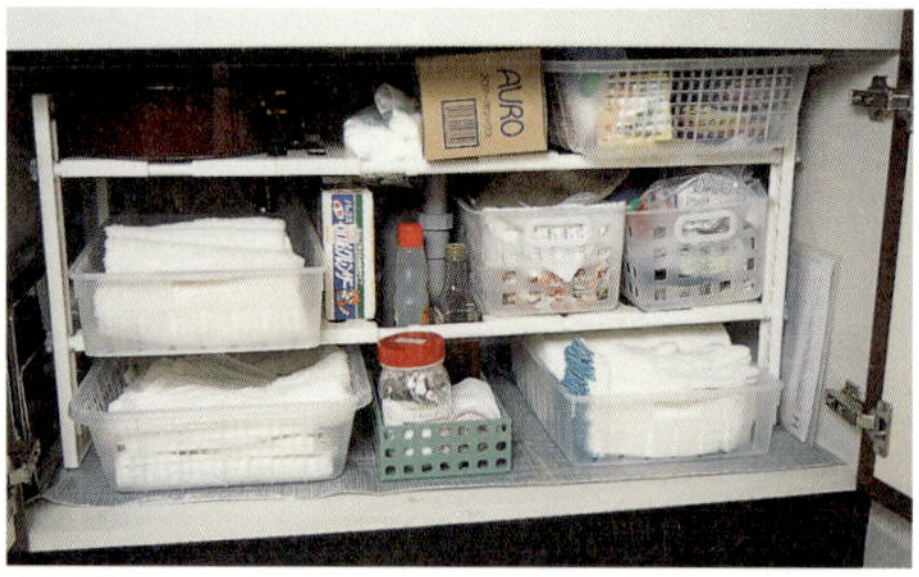

洗面台の下に

パイプをよけて市販の伸縮棚をおさめ、雑巾、軍手、ワックス、洗剤などのそうじ用品を、透明の白い容器でそろえて入れています。洗濯用品は洗濯機のそばですが、のりつけ用品のみここにあります。（山﨑美津江さん）

使いやすい「住の棚」

友の会の家庭生活展に展示された戸棚と同じ寸法で、玄関脇につくりました（幅82、高さ180cm、奥行42cm）。上段は非常持ち出し品、懐中電灯、右側の箱に包装紙、紙袋など。左側は１段目に雑巾、ポリ袋。２段目に薬箱、医学書、衛生用品。３段目にロープ、テープ、工具、はさみ。４段目に体重計。５段目に古新聞。最下段に花びん、生け花用品。右側はそうじ道具。１日の終わりにその日の新聞をここにしまいます。（横田國子さん）

Stockroom

生活納戸・屋根裏

しまいこまずに活用する新しい納戸の形

生活雑貨の収納場所が家の中心にあると、暮らしの動線が短く、だれもが気軽に出し入れできます。行事用品や季節外の家電を入れても、「開かずの間」とちがって存在を忘れられることもありません。

ストーブや扇風機は使用中も空き箱を置いて場所を確保しておくといいですね。

ダイニングルームに

食卓脇にある2.2㎡の物入れ。奥行きが深いので、L字にラックをならべ、そうじ用品や生活雑貨を収納。手前のあきスペースには来客用のスツールなどを。(伊藤容子さん)

リビングの一隅に

階段下のスペースを利用して幅180cmの収納庫をつくりました。リビングから便利に出し入れし、扉を閉めればすっきり。中にはそうじ道具、新聞ストッカー、防災袋、消耗品、調味料の買いおきなど。(平井妙子さん)

屋根裏を改造して

屋根裏を倉庫兼洗濯もの干し場に改造しました。ダイニング脇の廊下から、はしご式階段で上り下り、使わないときはたたんで上げておきます。洗濯ものの乾きも早く、雨の日も安心。夫手づくりの棚に季節のもの、子どもの思い出のものなど収納し、今では約10畳のこの部屋なしには生活できないほど重宝しています。(大保直子さん)

ペットと暮らす
来客のときの犬の居場所

家の中で飼われる犬が増えていますが、お客さまによっては苦手な人も。そんなときのための工夫です。

玄関にケージを

バーニーズ・マウンテンドッグという種類の大型犬スーズィー(8歳・雌)は家族も同然に室内で暮らしています。居間に置いていた大きなケージを、玄関の階段下収納庫(扉つき)に入れてみたらちょうどぴったり。お客さまが来られるときはスーズィーをケージの中に。全員そろったら廊下側にとりつけた柵を閉じて、ケージから出してやります。ケージの周辺にはドッグフード、グルーミングセット、室内用のくつなどを置いています。出入り口をくりぬいた変形カーテンを縫って、目かくしに。(中野ちひろさん)。

Bookshelf

本と本棚

とっておきたい本の置き場所が、ちょうどよいだけありますか？数を見直し並べ方にも心をつかって、大切な本とつき合っていきましょう。

本の中には、背表紙を見るだけでなつかしく、心の中に親友のような存在感を残すものもあります。こんなことも本が増えてしまう大きな理由かもしれません。

家の中の整理収納で、困っているものの筆頭にあげられた書籍類ですが、ほかのものと同じように、収納スペースに合わせ、暮らしに合わせて整理の枠をもうけ、保存する、ゆずる、処分するなど、チェックが必要です。

常に新しいものが加わって動いていくものを、大河のように静かな流れの状態で管理できたらしあわせですね。

奥行きの浅い文庫本専用棚
（下の写真左端にもこの棚が見えています）

バックナンバーの収納に

夫婦の部屋にある雑誌ストッカー（110×160×40cm）。扉を持ち上げてスライドさせるとオープンに。一部は書類ファイルの収納にも。（三上隆さん）

奥行きのちがう２種類の棚を

家を建てる際、ずいぶん考えた大好きな本の置き場所。リビングに置くとどうしても落ちつかない雰囲気になるので、廊下の幅を広めにとり（120cm）、本棚は融通性を考えてあえてつくりつけにはせず、置き家具に。単行本の棚は、奥行き30cm、幅115cmを２棚、文庫本棚は奥行き17cm、幅120cmを１棚。通りがかりに、歯みがきのときに、背表紙を眺めているだけでも楽しくなる空間になりました。（松田美穂さん）

本だけのための部屋

本箱を２つずつ持ちよって結婚した本好きの２人。社宅時代は、増えつづける本を手づくりの本棚に入れて、廊下にいくつも並べていました。家を建てるとき、考えた末に２階の寝室の隣に書庫をつくり、床には鉄骨を入れました。天井までつくりつけ。下段には重くて大きい図鑑や美術書、上段にはかるい本、全部で2000～2500冊入ります。椅子にちょっと腰をおろしてページを繰って…思わず時間を忘れるひとときです。入口には段ボール箱を１つ置き、古本屋行きの本を入れるようにして、増えすぎに注意しています。（笠羽巳年子さん）

ファミリールームの多目的棚

地下にあるピアノ室兼ファミリールーム。つくりつけの棚には、家族共用の本やアルバム、楽譜、ＣＤ、オーディオ機器などがおさめられ、壁には次女の描いた絵。このスペースでミニコンサートを開くときには､レースのカーテンで目かくしします。（平井妙子さん）

ロフトの白い本棚

夫の書斎兼ファミリールームにつくりつけた本棚。天井まで埋めつくすと圧迫感があるので、真ん中に飾り棚スペースをあけて。本は、大きさ、種類、色を意識して並べています。（伊藤容子さん）

工具箱を和室の本棚に

友だちからもらった工具箱に文庫本がぴったり。和室のコーナーに置いて、本が見えないように藍染めの布をかけました。季節に合わせて布と上の置きものを替えます。（鍋谷うららさん）

本のサイズ

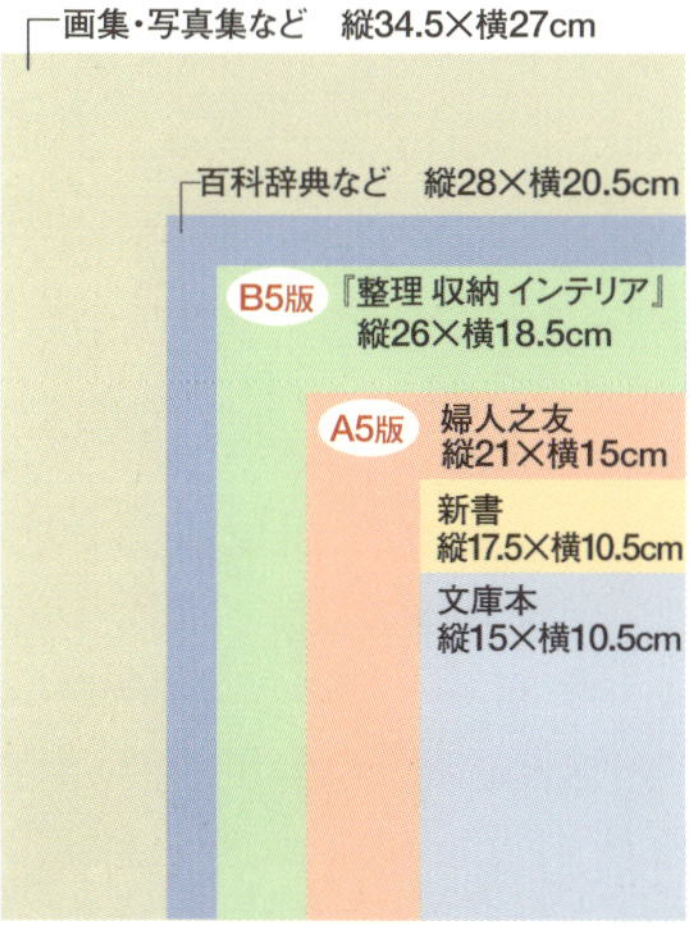
画集・写真集など　縦34.5×横27cm
百科辞典など　縦28×横20.5cm
B5版『整理 収納 インテリア』
縦26×横18.5cm
A5版
婦人之友
縦21×横15cm
新書
縦17.5×横10.5cm
文庫本
縦15×横10.5cm

この本には他にp.22､p.23､p.29､p.50にも本の収納実例が掲載されています。

子どもの本はわかりやすく

幅72cm、天井までつくりつけの本棚。毎月とっている本を学年ごとにまとめて並べ、本の背にそろいのシールを貼って。一番下は息子（小３）お気に入りの昆虫図鑑。（石川弥生さん）

私の本は「3ｍ」

わが家では、本の厚さをメジャーで測って整理の目安にしている。限られた収納スペースから割り出した量は「１人分3m」まで。そのうちに“いつか読む本コーナー”を30cm設けて、そのいつかがあったかどうかもチェックする。こんな風に目安を設けておくと、整理の決断がつきやすい。棚に余裕があるときは「１人、１年に10cmは増やしてもよい」などと空間プランを立てるのも楽しみ。（佐藤乃里子）

Home work station

家庭事務コーナーと情報整理

書類の整理や家計簿つけなど、事務のためのスペース。書類山積みコーナーにならないよう、収納場所を確保して。

領収書や学校のプリント、レシピや趣味の資料など、家庭で管理する書類は、種々雑多。鉛筆と紙ですんだ時代とちがい、パソコンやファックスも手近におきたい方が多いでしょう。個室、または机をひとつ確保している人もいますが、食卓とそのまわりの収納家具でも、工夫できるでしょう。必要な道具と書類の分類・整理の方法は、『基本の家事』をごらんください。

出窓風の家庭事務コーナー

リビングの東側の出窓を利用してつくった家事コーナー。扉の中には電話帳や名簿、プリント、辞書、家計簿、ファックス用紙など、事務に必要なものをすべておさめて。(牧野恵美子さん)

キッチンに続く仕事部屋

在宅ワークと家庭事務の両方をこなす仕事部屋。わずか1坪ですが、こもっている感じで居心地のいい場所です。(足立有希子さん)

リビングの隅に

キッチンに近いひと隅に、パソコンデスクを置いて。部屋全体のクラシックなテイストに合わせて、このデスクをさがしました。(田中園実さん)

書きものとパソコンを分けて

もともと子どもの部屋だったところを、書斎兼家事コーナーに。写真奥のライティングビューローは書きもの用、手前はパソコン用と分けて能率よく。(岡井乙代さん)

ダイニングの壁際に

チェストとパソコン、ファックス置き台を並べ、合計10個の引き出しに家庭事務用品を分類して収納しています。子どもの手が届かないよう、2つのチェストを重ね、いちばん上に貴重品やはさみを。家計簿をつけたり幼稚園の書類の整理などするのは、写真左端のカウンターテーブル（写真左）。さっと出して、すぐにしまうことができます。
書類はたまりがちなので、定期的に整理、処分。保管する分はA4の封筒に入れて別室本棚へ移動し、このコーナーはあくまで日常使うものしか置かないようにしています。

進行中のものは

日常的に使うもの、電話帳、即対応すべきものをチェスト脇のファイル立てに。幼稚園のお知らせ、連絡網、友の会関連書類他、情報、とり組み中のものや日記帳もここに。読みかけの本、雑誌は最低限のものだけを。

パソコン電話置き台の白い引き出し
左　FAX、プリンター用紙
右 アドレス帳、メモ（用紙、ペン）、爪切り、耳かき、体温計、絆創膏など

すぐとりかかれて すぐにしまえる 家庭事務コーナー

岡前輝子さん

チェスト1（上から）

① 文房具（筆記用具、はさみほか）カード類、診察券も
② 家計関連（計算機、一時置き場にレシート類、DMなど。保管用はビデオテープのカバーで仕分け。商品券、チケット、新券、予備用小銭）
③ 通信用品（切手、はがきなど）
④ パソコン関連　（説明書、データCD、インクカートリッジ他）

チェスト2（上から）

① （左）ランチョンマット
（右）辞書、携帯用地図、路線図
② 文房具ストック、パソコン、デジタルカメラ周辺機器（コード、充電器、カセット）CD、MD、健康保険証、母子手帳、預金通帳、保険証券
③ （写真外）保証書、取り扱い説明書、アルバム（デジタルカメラプリント分）、家庭事務ファイル

Home work station

書類整理

書類をどのような筋道で分類し、どんなふうに収納するかは、なかなか難しいことですが、ただとっておくのでなく、どのように再利用するかを考えると、納め方も決まってくるでしょう。

とっておく目的に合わせて書類整理を

平松経子さん

日当たりのいい2階に、夫婦で机を並べて書斎風につかっています。左が妻、右が夫。それぞれにごみ箱があると、引き出しの前に置かずにすみ、使いやすいものです。

未決のものは透明ケースに

机の上にはこれから家計簿につけるレシートや返事を書く手紙など、未処理のものを。透明のアクリルケースに入れて中が見えるようにしています。

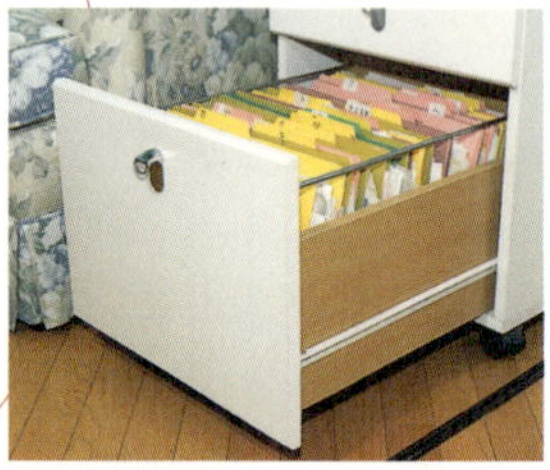

レシピはファイリングキャビネット

お菓子教室のレシピを、50音順に分類して、二つ折りファイルにはさみ、立てて並べています。キャビネットは1階リビングに。事務所然としない家具調です。

半透明の書類引き出し

9段の引き出しには、原稿や所属団体の書類など。さっと分類して入れられるのが、よい点です。

クレジットカードの管理を楽しく

家族3人分のクレジットカードを混乱なく管理するため、レシートはカード会社ごとにクリップしておき、請求書と照らし合わせます。家計簿記帳ができたら「入力済」、引き落としを確認したら「支払済」のハンコをポンッと押すのが楽しみです。（安城洋子さん）

細かいものはカセットケースに

ショップカードや割引券など、細かいものはクリップで種類別に束ねてカセットケースに。何が入っているか、背にしっかり書いて引き出しに立てておくと、すぐにさがせます。（関矢清子さん）

ひとりにひとつ

ダイニングキッチンの食器棚の下に、学校のプリントを。混ざらないように、3人の子どもたちの名前を明記しています。（井田典子さん）

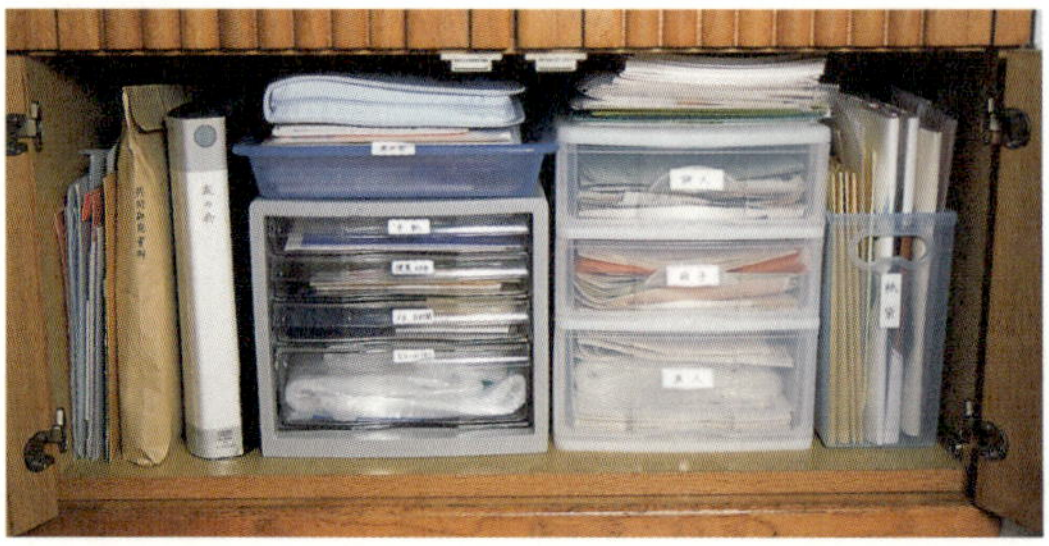

「いつ見てもすっきり」の
こつと小わざ

居場所があれば片づきます

ラベルを貼る

片づけが楽しくなるわかりやすさ

「あれはどこー？」としょっちゅうきかれる細かい道具類は、なるべく細かく区分けして、アイテム名を明記。このひと手間で家族の「お手伝い力」「片づけ力」は大幅にアップします。大きさや色のそろったシールを使うと見た目にも美しく、貼り替えもきいて便利。

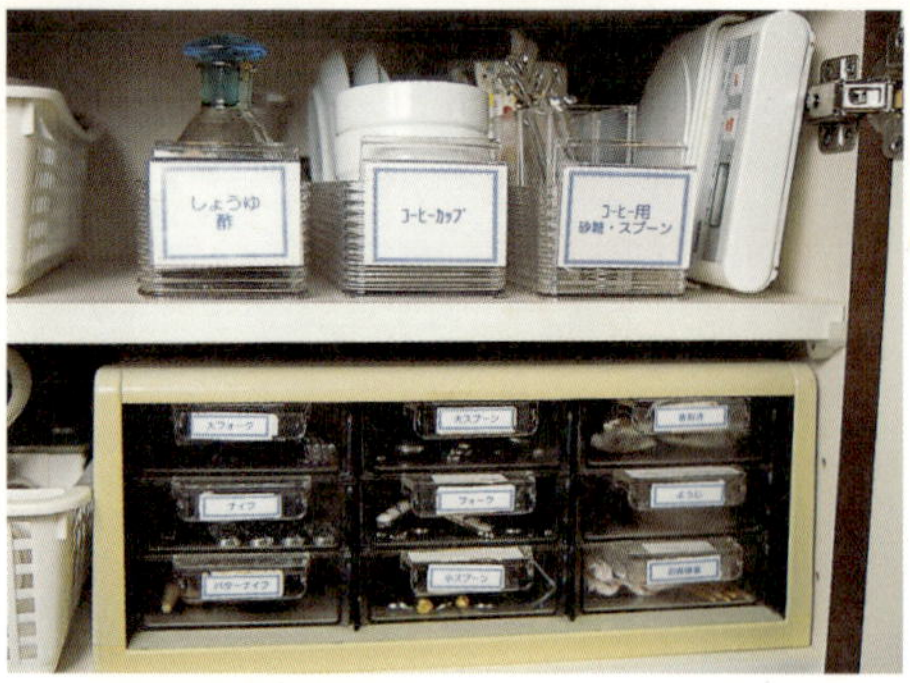

テーブルで使うもの
誰でもお茶の用意や片づけがすんなりできる、カウンター下収納。カトラリーは１引き出し１アイテム。（山﨑美津江さん）

お菓子の道具
中が見にくい胸より上の引き出しは、側面にラベルを。（山﨑美津江さん）

迷わずもどせる
廊下の収納棚に荷造りや補修に使う雑貨をまとめてラベリング。扉の裏側に定位置を書いたメモも。（関矢清子さん）

家電雑貨

扉をあければひと目でわかる

アイロン、掃除機、工具、補修用品などは、家の中心の出しやすい場所を定位置にすると、家族も気軽に家事がしやすい雰囲気になります。家庭薬やカメラ、フィルム、電池などの共有品もまとめて見やすく置いておきましょう。

リビングに
上から編みものの道具、アイロン＋アイロン用品、薬品＋医学事典、電話帳や辞書、大工道具、電池、掃除機、新聞など、リビング入り口の収納棚にまとめて。（浜田節子さん）

郵便物ほか

家の中に「中継地点」を

郵便物や置き忘れの小もの、預かり品など、めいめいが管理するものの一時置き場はありますか？　リビングやキッチンに専用のかごや引き出しを設けておけば、個室に配って歩く必要はなし。各自が都合のいいときに持っていくことができます。

家族のポスト
台所の壁にとりつけた家族ひとりひとりのポスト。細かいものは手前のクリップにはさんで。（関矢清子さん）

ドアの前に
２世帯同居で生活時間のちがう母との伝言、受け渡しコーナー。「くり（犬）のえさはやりました。頼まれていたＣＤ、本を置いておきます 5:00母」（末元真理さん）

メモ

貼りすぎず、見やすく

ちょっと貼っておきたい絵はがきや料理レシピ、買いものメモ、給食献立表など。冷蔵庫の扉いっぱいに貼ってあると、見ためも雑然、開けたてにもじゃま。写真のように、見ても楽しい専用ボードを用意して、貼ってよい場所を限り、新陳代謝をまめにしましょう。キッチンのセンスアップに役立つかもしれません。

白のマグネットボード
友人からの絵はがきをちょっと飾っておいたり、時間割を貼ったり。ダイニングからも見える位置なので、すっきりしたデザインに。（田中園実さん）

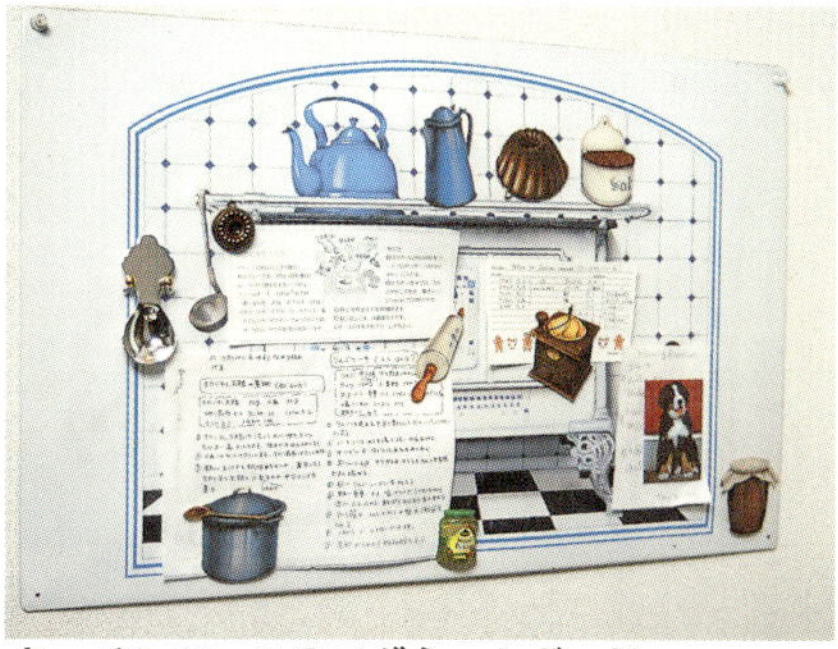

キッチンツールのマグネットボード
だまし絵風の背景が楽しいボード。料理レシピやメモ、ときには好きな小ものをディスプレイしたり……。（中野ちひろさん）

リモコン

放浪する小ものにも〝居場所〟を

テレビ、ビデオ、エアコン……家庭内のリモコンは「何となくそのへん」で放浪しているものの代表格です。同じ機能のものが複数あるなら一番使いやすいものひとつに絞り、ソファ脇やテレビのそばなどに「必ずここにもどす」場所を決めましょう。エアコンや照明器具のリモコンは意外に使用頻度が低いので、壁づけでもOKです。

引き出しに
使う頻度の少ないリモコンはテレビ台の浅い引き出しの中に。よく使うテレビ、パソコン兼用リモコンのみ、デスクの上に。（高尾宏子さん）

枕もとに
テレビは寝室にあるので、夫婦のベッドの真ん中のラックにかごを置いて定位置に。（山﨑美津江さん）

新聞
雑誌

もの陰にさり気なく

リビングが散らかって見える原因はたいてい読み散らかされた新聞や雑誌。テーブルの足もとやソファの陰などに一時置き場を設け、読み終わったらそこに置く習慣をつけます。さらに、新聞なら「寝る前に古新聞の棚へ」「切りぬき用に常に最新1週間分をかごへ」。雑誌なら「置き場がいっぱいになったらリサイクルかストック用本棚へ」などの流れをはっきりさせておきましょう。

火鉢に
古い火鉢を家具の陰に置いて新聞、雑誌置き場に。（岡崎直子さん）

かごの中に
テレビ台と同系色のかごを置いて、その日の新聞を。（網屋真紀子さん）

意外に悩むこんなもの

外出小物

帰宅したらまずここへ

腕時計や携帯電話、定期券など、外出用品の定位置はありますか？ リビングの一角やクローゼットの中など、帰宅してから家着に着替えるまでの流れの中で自然に置きたくなる場所を見つけて、ひとまとめにしておきましょう。

ダイニングの出窓に
夫のポケットから出てくる携帯電話や手帳は、テーブル脇の浅いかごに。朝食後さっと身につけて出かけられます。（トゥトゥリス亜希子さん）

リビングの引き出しに
腕時計、旅行用時計、イオカード、めがねなどをリビングの浅い引き出しに。（山﨑美津江さん）

不要品

気がついたときに入れるリサイクルボックスを

着なくなった洋服、いただきもののタオルや食器など、「わが家には不要」と思ったら、とりあえず一時預けの箱に。1カ所にまとまっていると、バザーや人に会う機会を逃がさず、ちょうどいい行き先を見つけることができます。

クローゼットの中にクリアケースを
小さくなった子どもの洋服、もう使わないおもちゃなど、気づいたときにここに入れて、バザーのあるときにもっていきます。（伊藤容子さん）

パジャマ

ベッドまわりをすっきりと

朝、脱いだパジャマが散らかっていると、忙しさが増すような気がしませんか？ きちんとたたんでいる余裕がなくても、さっとしまえるところを用意して、寝室はいつもすっきりさせておきましょう。

ふたつきのかごにしまう
あや織の竹のかごに入れて、ベッドの上に。（関矢清子さん）

自作のベッドサイドテーブルの中に
引き出しの下にフラップ扉式の収納をつくってパジャマや家着の待機場所に。（中野仁さん）

テレビ

"よく見えて目立たない"場所とは

消えているテレビ画面は黒々として、大型ほど室内に重い印象を与えてしまいます。周囲にグリーンを置いてインテリアになじませたり、目線より低い位置に置く、扉をつける（p. 53）などで存在感を弱める工夫が必要でしょう。思い切ってリビングに置くのをやめる、という選択肢も。

キャスターつき台に
カウンターの下にしっくりとおさまったテレビ。キッチンやダイニング側から見たいときは引き出して斜め置きに。
（栗山晶子さん）

テレビ鑑賞は寝室で
音楽鑑賞はリビング、テレビは寝室と割り切りました。液晶テレビとスピーカーをメタルラックに配置、色と質感がそろって落ち着いた雰囲気に。
（山﨑美津江さん）

コート

お客様の多い家の工夫は？

冬のコートは案外かさばり、来客が多いときにあわてることがあります。玄関や廊下にコートフックをとりつけるか、その場所がない場合は、たたんで置いてもよいでしょう。

各自たたんで
あたたかいところでコートを脱いでいただけるように、リビング入り口の飾り棚に、同系色のかごを2個置いています。
（種田洋子さん）

壁の裏の来客コーナー
玄関を入ったつきあたりに壁で仕切った小さなスペースをつくり、コートハンガーをとりつけました。スリッパもここに。
（平井妙子さん）

ごみ箱

存在感のありすぎないものを

家族がいろいろなことをするリビングに、ひとつは必要なごみ箱。壁や床と同系色にしたり、家具の足もとなど、目立たないところに置きましょう。

家具の足もとに
ソファ脇のサイドテーブルの下にさりげなく。
（山﨑美津江さん）

すき間を利用して
ソファ脇の飾り棚と壁との間のすき間につくった細い棚。上にティッシュを置き、下がごみ箱になっています。（岡前輝子さん）

デッドスペースつくらずに

奥行き利用

深いスペースを有効に

寝具、洋服以外の生活用品は、30～45㎝の奥行きで、ほとんどおさまるといわれます。実際には押し入れをはじめ、家のあちこちに深めの収納がありますから、そこをどう使い勝手よくするかも、工夫のしどころ。長いものを入れる、ボックス利用、前後の入れ替えなどで、スペースを有効に。

リビングボードのCDボックス
CDを並べるには深すぎるリビングボード下段。奥行きに合わせて木箱を製作し、ジャンル毎の見出し紙をつくって整理しました。家具を傷めないようにボックスの底にフェルトを貼って。（末元徹さん）

アクリルケースと一閑張りの箱で
ウォークインクローゼットの片面は奥行き30×高さ14×幅72㎝のオープン収納。手製の和紙一閑張りの箱にはセーターを。下着や小ものは浅い透明ケースに。オープンスタイルのわかりやすさと、引き出せる使いやすさのミックスです。（宮下曄子さん）

奥と手前を使い分け
廊下のつきあたりを利用してつくった奥行き93㎝のクローゼット。奥はコートなど長いものと季節外、手前にズボンなどをかけて。（横田國子さん）

前後を入れ替える引き出し
寝室のクローゼットは容量たっぷり。深めの奥行きに合わせて、引き出しは前後2分割に。奥と手前の箱を入れ替えるだけで、衣替えは完了。（平良純子さん）

かさは寝かせても
玄関の脇の納戸に長かさを。柄の色や形でどのかさかわかり、ひっかからずにすっと出てきて案外使いやすいようです。（加藤瑞枝さん）

扉裏

意外に使えて出しやすい

冷蔵庫のドアポケットは活用していても、開き戸の裏を利用する人は少ないようです。物入れの中の棚は、下段のふちよりかなり控えてとりつけてあるのがふつうなので、扉裏に浅いポケットをつけても、案外中のものにぶつかりません。軽いもの、細かいものの収納に、考えてみてはいかがでしょうか？

ウォールポケットで小ものとかさを
納戸の扉の内側にウォールポケットを下げ、電気コード、掃除機のフィルターなどの小ものと、折りたたみかさの指定席をつくっています。（加藤瑞枝さん）

お菓子道具棚の扉裏に
浅いポケットをとりつけて、はけ、割り箸、爪楊枝、香辛料、ハンドミキサーの部品などを。（宮下曄子さん）

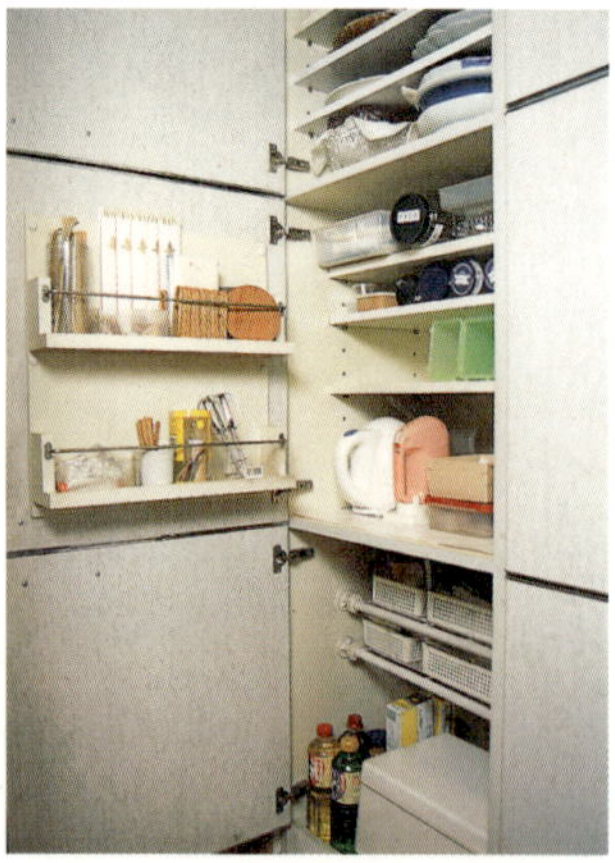

ちょっと楽しい収納法

すき間

アイディア次第で使いよく

家具と家具の間や天井までの空間。ぎっしり埋めては息苦しいけれど、困っていたものがうまくおさまったときは嬉しいもの。あなたの家にそんな場所は？

冷蔵庫の上にオーブンペーパー
丸めておいていたら、くせがついて使いにくかったオーブンペーパー。平たいまま冷蔵庫の上にのせ、ほこりよけに板で屋根をつくってグリーンを置きました。支柱は余っていたミニカップ。
（平松経子さん）

洗面台脇の便利棚
洗面台と壁との約12㎝のすき間につくった収納。上段に広告紙で折ったごみ入れ、中段はごみ箱、下段は洗濯もの干し機。
（岡前輝子さん）

リボンなど

ラッピング小ものをまとめて

色とりどりのリボンや口どめひもなど、心のはずむラッピング用品を楽しく、使いやすく。

くるりと丸めて
リボンは小さく丸めてセロテープで軽くとめると、しわになりません。暖色系、寒色系に分けて綿棒の空き箱に。
（高尾宏子さん）

出しておいても楽しい
ワインの栓と針金でつくった輪ゴムかけ、タイルを貼ったディスプレイ用のピンチなど、キッチンの一角にディスプレイ感覚で置いています。
（星野瑞枝さん）

お菓子のギフト用品をまとめて
アルミカップ、タルトケース。リボン、針金ひも、小袋など2つの缶にきれいにおさめて。（星野瑞枝さん）

引き出し

容器として使うアイディアも

収納を増やさず、もともとある引き出しを活用している例です。

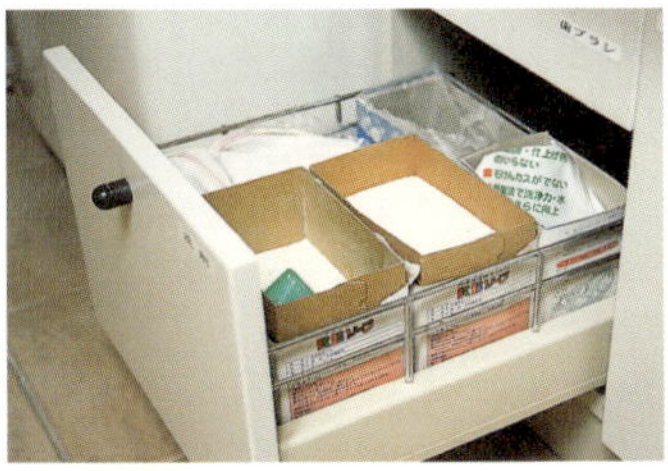

洗剤置き場に
洗濯機まわりには洗剤置き場がないので、隣接する洗面化粧台の引き出しに収納。毎日のことなので、箱の上部を切りとって、ワンタッチで計量して入れられるようにしました。（青木裕子さん）

オリジナル引き出し式米びつ
お米を袋ごと引き出しに入れる人は多いようですが、米袋は間口が狭くて計りにくいのが難。リフォームを機会に、大工さんと相談して木枠とアクリルのふたをつけ、米びつにしました。
（関矢清子さん）

思い出をとっておくとき

写真

テーマを絞って

子どもの成長や、一期一会の出会い、大好きな風景など。写真は、テーマ別にきちんと整理してあれば、記録になったり、家族や来客との会話をはずませるツールにも。デジタルカメラの場合も、データは紛失する恐れがあるので、ベストショットをきれいに紙焼きして、アルバム化しておいた方が安心でしょう。

貼らずにそのまま
イラストやコラージュのアイディアのもととなる写真は、アルバムに貼らずに、ビデオテープ用の収納ボックス（引き出し式）に立てて。仕切りカードに見出しをつけておおまかに分類し、必要に応じてぬき出して使います。（河田ヒロさん）

背におもなできごとを書いて
写真の整理は夫の担当。同じ種類のバインダー式アルバムに、時間順に入れています。背には撮影年ごとに色をかえたステッカーと、おもなできごとを書いた紙があるので、それを見ているだけでも思い出がよみがえります。（中野ちひろさん）

旅行記を兼ねて
写真を貼るだけではなく、スケッチや電車のチケットなど、旅の思い出をいっしょに貼ります。余白には、カバーフィルムの上から細めの油性ペンで、旅の行程やエピソードを書きこんで。（笠羽巳年子さん）

作品ほか

あとで見やすいように

幼稚園や学校の作品、親しい人からの手紙も、意味のある宝もの。立体作品などは、写真で残す人が多いようですが、お気に入りの絵や賞状など、いくつかはそのままとっておいてあげましょう。

ファイルと箱で
同型のしっかりした文書ボックスを利用。誰のものか見出しを貼り、学校の通信簿や作文、日記などを入れます。作文や日記はばらばらにならないように、クリアブックに入れたり、製本して。（牧野恵美子さん）

そのまま貼り合わせて
学校で描いた絵や習字作品を、同じ大きさの画用紙に貼って、裏側をのりで貼り合わせ、表紙をつけています。本のようにめくって見られて、楽しい作品集です。（平良純子さん）

飾る

インテリアに溶けこむように

何度でも見たくなる「座右の写真」、旅の絵はがきなど、こんな風に飾ってみては……?

故郷の家族にいつでも会えるように、タイルの壁にも古い写真を貼っています。両サイドの縦線をそろえて、リズミカルに。(オバーン京子さん)

イギリス人の夫の思い出コーナー
伯母から譲り受けたショーケース。セピア色の家族写真、結婚式のスナップなどをシックな額に合わせてゆったり配置。ガラス戸の中はコレクションのブリキのおもちゃです。

軽い感じの絵はがきラック
針金細工の絵はがきラック。ぜんぶを埋め尽くさず、テイストをそろえて数枚を置くようにして、くどくなりすぎないようにしています。(加藤道代さん)

ひもとピンチでナチュラルに
よく通る廊下の壁に、細いひもを張り、小さな木製のピンチで写真を下げます。入れ替えが簡単で、画鋲のように写真に穴が開かないのもよいところです。(青木裕子さん)

家具

今の暮らしに組みこんで

毎日使う建具、家具に、思い出をそっとしのばせました。

古い障子を
家を建てるとき、祖父の家の障子を和室に組みこみました。昭和初期のものなので今と規格サイズがちがいましたが、新しい和室に見事になじんでいます。(池田和子さん)

懐かしい家の思い出
生まれ育った家がなくなるとき、庭の橙の木の枝を、家具屋さんに頼んで子どもの椅子に組みこんでもらいました。高校生になった今も愛用しています。(中野ちひろさん)

DIYでぴったり収納

文房具、裁縫道具、薬品など、上手に仕切ると出し入れがらくでわかりやすい。こつを覚えて、あなたも〝仕切り上手〟に。

引き出しの整頓に しきり

基本の仕切り方の応用。縦板、横板を増やして自由自在にレイアウト

準備

①引き出しの中におさめたいものを置いてみて、いくつ仕切りが必要か、組み合わせとサイズを決める。
②厚さ2.5㎜くらい、高さは引き出しの深さ（内寸）より5～10㎜低い板（バルサ材など）と、三角材適宜をDIYの店などで用意。
そのほか、用具としてカッターナイフ、ボンド、ものさしなど。

三角材を利用した、取りはずせる仕切り

①板A（溝板）は、引き出しの長さ（内寸）より1～2㎜控えたところに印をつけ、カッターナイフで直角に切る。
②三角材を板Aと同じ高さに切り、図1のようにボンドで貼り溝をつくる。
③板Aをはめ、Bの長さを決めて切り、Aにはめる。

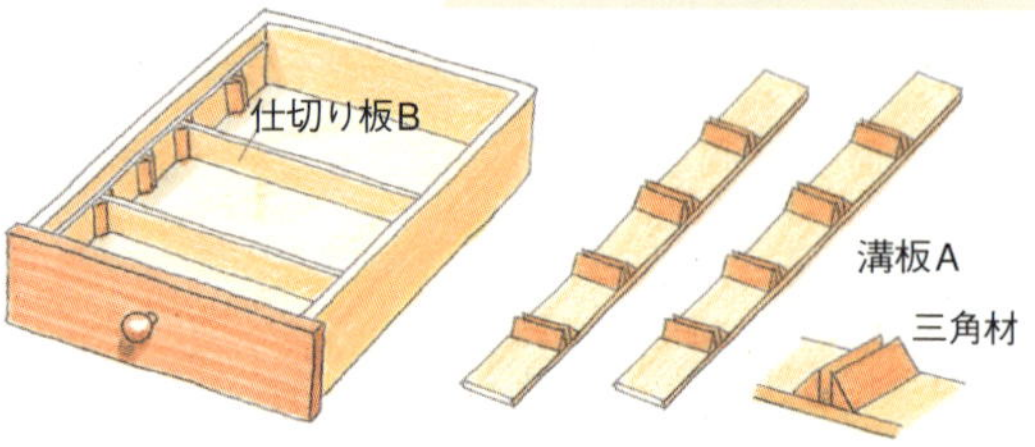

仕切り板B
溝板A
三角材

図1

十文字に組み合わせる、凹凸のない仕切り

① 縦板Aと横板Bの長さを決めて切る
②AとBを十文字に組むため、カッターで板の厚さ分の切り込みを入れる。
③ 横板と縦板1枚にボンドをつけて、引き出しの側面に固定する。
④ そのほかの縦板も十字に差し込み、ボンドでとめる。
＊横板が複数ある時は縦板より先にボンドをつけて固定する。
＊引き出しに直接接着したくないときは、側面にぐるりと板をはめこんでから仕切りをつくってもよい。

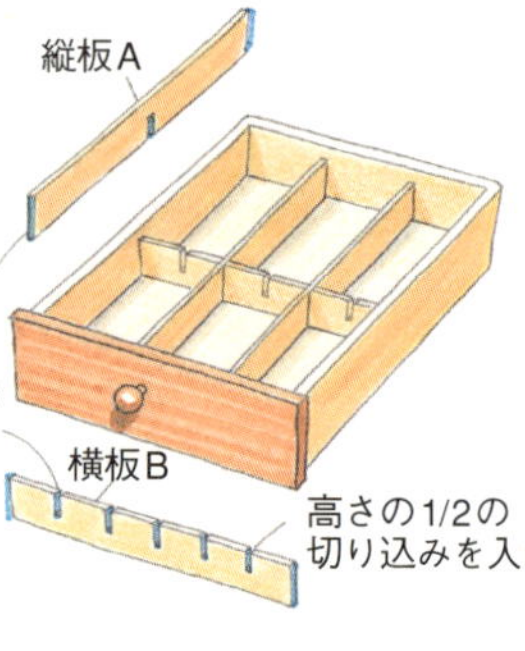

縦板A
ボンドをつけるところ
横板B
高さの1/2の切り込みを入れる

上下2段に分ける、スライド式仕切り

引き出しが深くて使いにくいときは、図のように三角柱を2本とりつけてレールにし、奥行きの半分くらいのトレイや箱をのせると収納量がぐっと増えます。

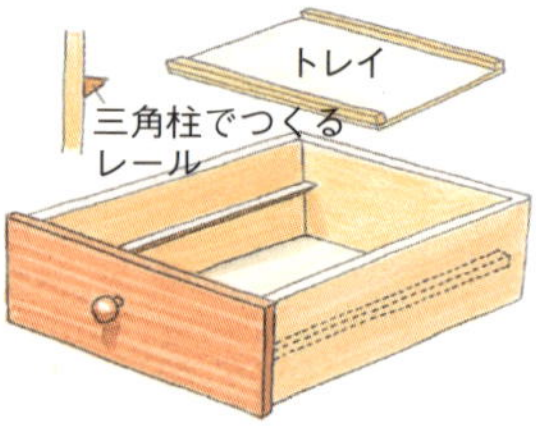

トレイ
三角柱でつくるレール

すぐにできる段ボール、厚紙の仕切り

洋服を分類してしまうときなど、融通のきく紙の仕切りも便利です。

厚紙の仕切り

厚めのケント紙（ボール紙）を図のように折って仕切りにする。同じように中仕切りをつくってもよい（p.90）

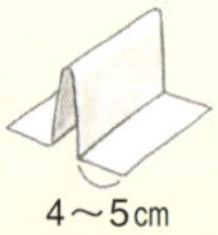

厚紙の仕切り
4～5㎝

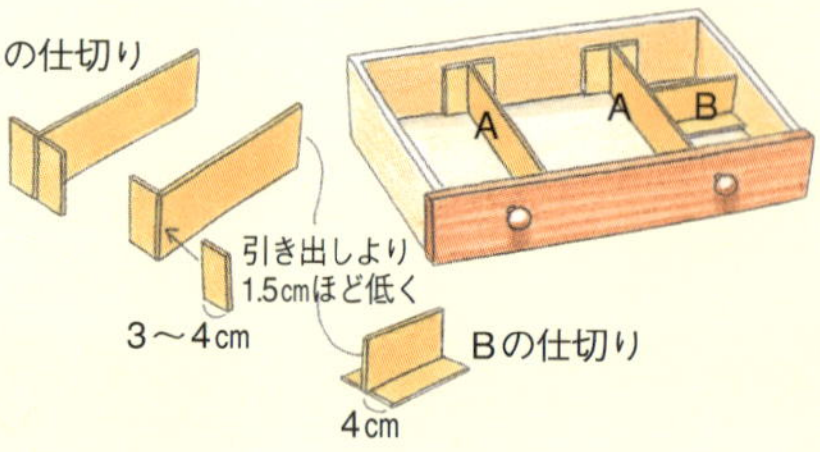

Aの仕切り
引き出しより1.5㎝ほど低く
3～4㎝
Bの仕切り
4㎝
A
A
B

段ボールの仕切り

・段ボールの厚みは、4～5㎜くらいがしっかりして使いやすい。
・大きめの引き出しには、両端をT字にすると安定する。
・接着剤は木工用でもよいが、多用途接着剤の方がすぐにつく。
・上部にガムテープを貼ると、見ばえもよく丈夫になる。

つくりつけのもの入れに棚がなかったり、「ここに一段あれば…」と思ったことはありませんか？ 空間をむだなく生かすために、棚を増やす、棚をつくる方法も覚えておきましょう。

空間を生かすには たな

棚柱を使う(写真上)
左右の壁面がしっかりした木部なら、市販の棚柱をとりつけると、見た目もすっきりし、板の位置が調節可能になります。

準備
棚板は、ホームセンターでシナ合板やカラーボードを、必要な長さに切ってもらうと簡単。オーディオ製品や本など重いものをのせる場合、21〜24mm厚さは必要。

釘も接着剤も使わずに

もの入れの中や、左右に壁がある場合、つくりたい高さの縦板を入れて棚板をのせるだけで１段増やせる。釘を使わなくても、上にものがのると案外安定し、いつでもとり外せる。

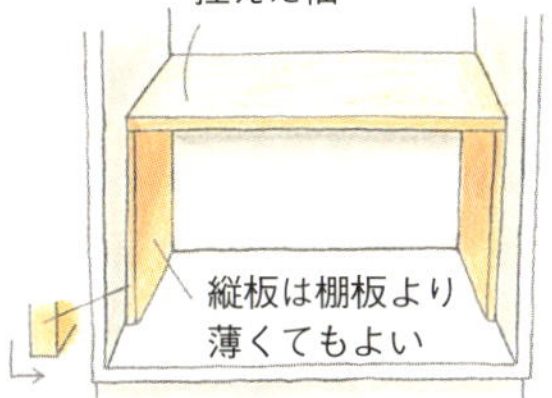
内寸より2〜3mm
控えた幅
縦板は棚板より
薄くてもよい
直角に

コの字棚

鍋戸棚や食器棚など、棚の途中に段差をつけて棚板を増やしたい場合には「コの字棚」が便利。いろいろなつくり方があるが、つくりたい高さの縦板に棚板をのせ、木ねじで固定するのが基本。

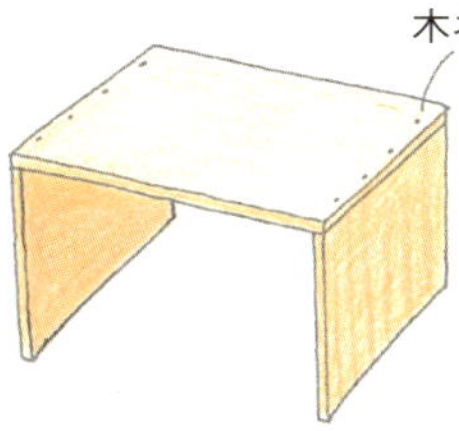
木ネジ

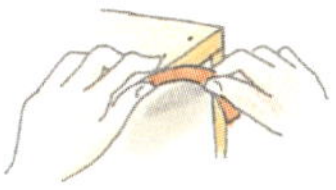

切り口は木口テープを貼って

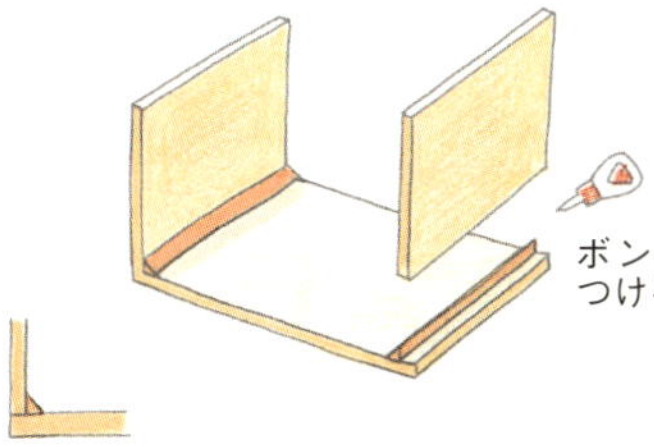
ボンドで
つける

釘を打つのが難しければ、ボンドで接着し、角を三角材で補強。

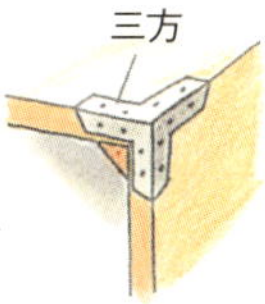
三方

食器や本など、重いものをのせるとたわみやすいので、背板をつけたり、金具(三方)で補強した方がよい

壁面に棚を吊る

棚板とそろえて木製の棚受けで（渡辺幸司さん）

左右に壁のない平らな壁面に棚を吊るときは、壁の材質を知り、棚受けを壁にしっかり取りつけるのがポイントです。

棚受け
木、スチール、樹脂など。
材質や色は壁に合わせて

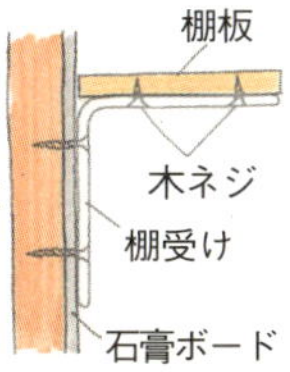
棚板
間柱
木ネジ
棚受け
石膏ボード

石膏ボードの場合、釘や木ねじがきかないので、下地に入っている間柱を探してとりつけるのが確実

間柱は、ふつう45cm間隔に入っている。窓やドアのまわりにも木枠がある。間柱を探すための道具も市販されている

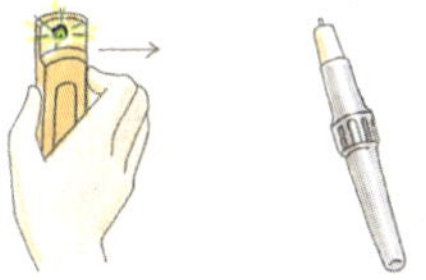
ワンプッシュ
間柱
探知機

＊石膏ボード釘やボードアンカーを使う方法もあるが、耐久性はいまひとつ。
＊コンクリート壁は、振動ドリルを使って穴を開け、アンカーを入れる作業が必要なので、上級者向け。

オリジナル家具

末元 徹

大学教官（物理学）。幼少時の模型工作に始まるものづくりが高じて実験物理にすすむ。家族は母、妻、大学生、高校生の娘2人。娘と工作することも。

今までに家族から必要に迫られて、または趣味・遊びとしてつくったものは、濡れ縁や庭木戸から、卓上小もの、カメラケースに至るまでさまざま。形や素材の組み合わせなど、どこかに独自性を発揮できそうなアイデアが浮かぶと、むらむらとつくってみたくなるのである——。

アクセサリーケース
妻からのリクエストでつくったもの。そうめんの箱でつくった試作品で、フックの形やイヤリング置きの深さなど、2人で構想を練った。

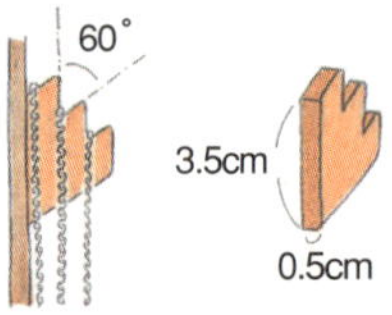

フックの角度は60度が使いよかった。全部で27本のネックレスをもつれないように収納。

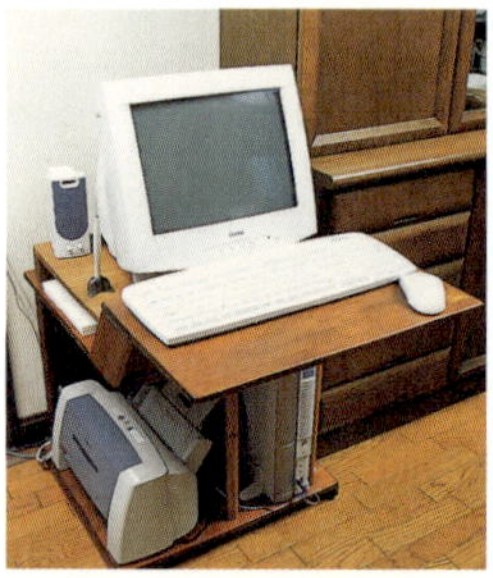

付属品がすっきりおさまるパソコンデスク
市販品はいかにもオフィスに置くようなものが多く、機能的にも満足できるものがなかったのでつくることにした。色はリビングの家具に、サイズは手持ちのパソコン､プリンターに合わせ、ディスプレイ台を低めにして疲れないように工夫した。

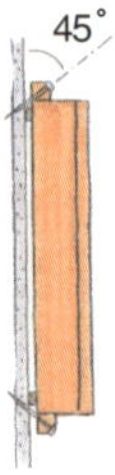

飾り棚
奥行き6 cmの小ものを置く棚。上下の突起から45度に釘を打ちこんで壁にとりつけた。壁との間に4カ所フェルトをはさみ、角にほこりがたまらない工夫も。

わが家の大工道具

ドライバー
基本中の基本。サイズの合わないものを使うとネジの頭がつぶれるので、＋と－それぞれ大中小くらいは用意したい。握りと本体が別になっているセットでも。
作業量が多いなら、一定方向に回転するラチェット式が疲れない。先が交換できるものが便利。

ニッパー
針金を切るのにラジオペンチの奥にある刃を使ってもよいが、ニッパーの方が小回りが効いて便利。刃の一部に隙間をつくってあるものはビニールコードの皮を剥くのに便利。

ラジオペンチ
先が細いので細かい作業に向いている。針金細工、電気配線に使用。

モンキースパナ
ナットを回すのに使う。柄の長さで200～250㎜くらいのものが使いやすい。

ハンマー
片側が釘抜きになったハンマーを愛用している。持ち手がゴム製のものが疲れなくてよい。
その他、のこぎり、きり、カッターナイフなど。

あると便利なものとして、さしがね、金鋸、木工用やすり、バイスロック（強力なグリップ力のあるやっとこ）、クランプ（木材を固定する）。
電動工具は電動ドリル、電気サンダー、電動丸鋸の3点が使用頻度が高い。

ハンマー

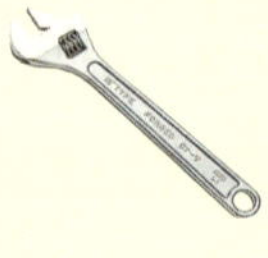
モンキースパナ

ラジオペンチ

ニッパー

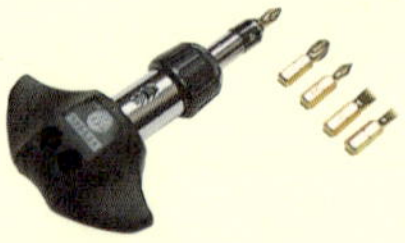
ラチェット式のドライバー

シンプルな暮らしのインテリア

考え方と基礎レッスン

陽光をいっぱいにとりこんで
洋菓子の教室ともなるリビング。10年前に、陽光のふりそそぐ天窓のあるこの部屋をつくりました。ワスレナグサのような淡いブルーがテーマカラー。グリーンやレースづかいでやわらかな雰囲気に。（平松経子さん）

くつろぎの空間を創り出す

光、風、自然素材をとり入れて

建築家
橋本真子《しんこ》

インテリアとは何でしょう

interior

内面との対話

インテリアとは、単に室内空間を指すだけではなく、住む人の心の中が外にあらわれたもの、服装と同じで、その人の趣味だけでなく、生き方までも映し出すものだと思います。精神の豊かさを包みこみ、人をゆったりとくつろがせるインテリアは、人から与えられたイメージでつくることは不可能、自分の内面と対話しながらつくり出すものではないでしょうか。

トータルバランスの大切さ

といって、自分の好きなものを集めただけで、居心地のよい室内空間ができるわけではありません。なかなかできないことですが、第一歩は「全体を眺める」ということでしょう。小さな部分の集まりとして部屋を考え、「どうしてもこの民芸調のテーブルがほしい」「昔から赤いソファ

秋田杉のテーブルを中心に
耐震構造の木組みづくりの家。２階はほぼワンルームのＬＤＫで、半六角形の窓から見えるシンボルツリー（ヤマボウシ）が四季折々の表情をみせます。アイボリーのアイランド型キッチン（p.56）、につづく、全長約４ｍ、幅80㎝の秋田杉一枚板のテーブルがもうひとつの主役。
（岡崎直子さん）

英国の家具を基点に
英国アンティークのダイニングテーブル(p.73)を手に入れてから、椅子、応接セット、テレビがのっているキャビネット(正面)、と20年かけてそろえました。(種田洋子さん)

に憧れていた」といった近視眼的な見方の集積では、調和のとれない、まとまりを欠いた部屋になってしまいます。逆にじっくり考えた上でどうしても固執したい何かがあれば、それを中心にまわりをととのえていく方が、うまくいきやすいようです。

よい材料をえらんできちんとつくられた家具や小ものは、生活をとても豊かにしてくれます。質の高い工芸品は目に心地よいだけでなく、使っていてその質感や形が安らぎをもたらしてくれるものです。その中に、あなたの心が動き、手が動いて創り出されたものが加われば、いっそうその人らしさとあたたかい雰囲気が感じられるでしょう。

室内に置かれたら、どんな小さなものでも毎日目にするものです。家具やファブリックはとくに、本当によいものが見つかるまでは買わないことです。間に合わせでがまんするより不便さをえらぶゆとりがあるといいですね。

感覚を磨くには

とくに自分の家でありながら、家族が集まったり接客スペースともなる現代の居間は、ある種の公共の空間です。家族で相談してみたり、少し客観的に部屋を眺めてみる努力が必要です。外出先の建築物で、インテリアの基本要素となる床、壁、天井の材質や仕上げをよく見ておいたり、お気に入りの店などで、自分がなぜこの場所が好きで、どこをいいと思うのか、素敵だと感じる室内写真に出合ったら、何が自分を惹きつけたのかを考えてみるのです。

そして、すぐにその真似をするのではなく、もう一度自分の家をよく見て、それをはめこんだときにバランスが崩れないか、自分や家族にふさわしいか、自分と、家族と相談してみましょう。

手入れと自然美

手入れの行き届いた家具はもちろん、よく磨かれたガラスもインテリアの要素です。食卓の上のペンダントもかさが汚れていては興ざめ。インテリアは決して完結することなく、日々の清掃で保たれ、季節ごとの模様替えでまた新しい顔になります。

時間による光の移動、季節のいいときに窓から入ってくる風や香りもその大切な一部です。窓枠に切りとられた風景はもちろん、日本では縁側につづく庭も、インテリアの延長でした。人の手ではとてもつくりだせない月明かりや雨あがりの虹……。そんな、自然の与えてくれる一瞬の素晴らしい時を感じられる感覚も大切ですね。

庭と一体に
築64年の日本家屋。「障子をあけると庭の緑がさーっと目に入るこの部屋は父のお気に入りでした」。フォルムの美しい座椅子は、2人で時間をかけてえらんだものです。
(熊丸真理子さん)

interior
「内の」を意味するラテン語からきたことば

Interior
色はすべての基本です

インテリアを考える中で一番難しいのは色かもしれません。色数を減らしたからといってすっきりした印象になるとは限らず、色をおさえ過ぎて殺風景になると、くつろげる部屋からは遠ざかってしまいます。

同系色でシックに
茶系でまとめた落ち着いたリビング。茶のグラデーションのクッション、ダークブラウンのサイドボードとカーペットが全体のひきしめ役です。(嘉村晶子さん)

「色あい」と「トーン」

私たちがふだん話題にする「色」は、「色あい」(色相)のことで、「赤黄青」といった呼び名であらわされます。

色相はさらに「明るさ」(明度)と「鮮やかさ」(彩度)という2つの要素で分類されます。色相がちがっても、明度と彩度が共通のとき、トーン(色調)がそろっている、といいます。

室内の色は、この「トーン」がそろうようにすると、色数が多くても、ちぐはぐな感じになりません。壁、床、天井は控えめ、カーテンやラグなどファブリックでアクセントをつける、というのも、成功しやすい法則のひとつです。

自然は「天才カラーコーディネーター」

色について迷ったときは、自然界の調和を参考にするとよいでしょう。たくさんの要素や色があるのに違和感を感じさせません。春の里山の緑と花の色、海の青と砂、松林、秋の紅葉と常緑樹、冬には沈んだ色の中に南天や松の緑が映えます。

そのほかに日本人のつくりだした着物の襲(かさね)の配色、あるいはお気に入りの布の模様に使われた色も、参考になるのではないでしょうか。

忘れてならないのは「質感」の要素です。滑らかな表面か、凹凸のあるものかで、光の反射具合や、あたたかさ、冷たさといった印象が変わります。とくに白は、滑らかな表面に用いると、反射によってまぶしいだけでなく汚れも目立つので、注意しましょう。

テーマカラーのディスプレイコーナー
リビング(p.128)のテーマカラーに合わせて、趣味の油絵作品と小ものを飾る一角を。(平松経子さん)

広がりのある白で
リビングが狭いので、基調色は白。家具、ファブリック、照明、花器も白いものをえらび、机はペイントして。(田代優子さん)

interior

自然に近い内装材をえらびたい

このところ「室内汚染」ということばをよく耳にします。特定の建材が、アレルギーやその他の不快症状の原因になることも問題視されて久しいでしょう。そうした反省にたち、ここ数年、健康によい内装材が見直されているばかりか、廃棄時にも有害物質を出さない建材が好まれるようになってきました。

自然に近い素材の中には調湿効果など、室内環境を整える役割をもつものもありますし、何より飽きがこず、くつろぎの雰囲気を演出してくれます。内装材にそういった意味で良質なものをえらぶことは、心地よい空間づくりにおいて、この上ない助けとなるでしょう。新築、リフォーム、壁紙の張り替えなどを機会に、ぜひ検討してみてください。

木の香りをいっぱいに
国産の杉で、節目も生かして、木、丸ごと1本をできる限り使って建てた家。壁の仕上げには、ドイツ製の安全なペンキを塗りました。(池田和子さん)

木の内装

目にも心地よく、感触もよい素材というと、まずは「木材」でしょう。あたたかみもあり、吸湿、吸音性もあって、すぐれた内装材です。といって家中を板張りにするとくどく感じられるので、壁や天井にプラスター(漆喰)、壁紙、ペンキなどを組み合わせて用いる方がよいようです。

床材について

床材は、合板に薄い天然木を貼った安価なフローリングが普及していますが、できれば無垢の板の方が自然に近く気持ちがよいものです。そのほか自然素材としては、ウールや綿のカーペット、コルクタイル、リノリウムがあります。

壁について

壁の仕上げに使われるプラスター(漆喰)の主原料は石灰岩で白色ですが、少し色を混ぜて使うとやわらかい雰囲気が出ます。また、少しタッチを加えて塗ると、陰影のある落ちついた壁になります。

壁紙は、種類が豊富で耐久性のあるビニルクロスが主流でしたが、最近和紙や紙100パーセントのエコ製品をえらぶ人も増えています。この場合、糊も化学物質を含まないものにします。その他、麻などの布素材の壁紙も味があっておすすめです。

無垢の床材を敷いて
娘2人のために改装した子ども部屋(p.97)。賃貸なので大がかりなリフォームはできず、夫がレッドパインの材を畳の上に敷き詰めて(防湿シートをはさむ)、無垢のフローリングを実現しました。(渡辺美沙さん)

珪藻土の塗り壁
調湿効果も考えて、家中の壁を珪藻土仕上げに。草むらをイメージするような美しいはけ目、あたたかい色調に心がなごみます。(伊藤容子さん)

interior

窓まわりのしつらえとファブリック

カーテンについて

カーテンをひくというのは昼から夜への切り替えでもあり、夜はカーテンの表情が部屋の印象を変えるといっても過言ではないでしょう。また、外からの視線の遮断、遮光、断熱など重要な役割もあります。

まず決めておきたいのは、カーテンを主役にするか脇役にまわってもらうかです。壁に近い色、目立たない色をえらぶのが無難ですが、カーテンをひいた夜のインテリアが昼間とがらりと変わるような強い印象（あるいは個性）を持った色柄にすることもあります。もうひとつは、遮光が必要か否かです。雨戸のある部屋ならば、あまり気にしなくてよいのですが、寝室、個室で部屋を完全に暗くしたい場合は遮光カーテンをえらぶか、裏打ちが必要になり、やや重い感じになるでしょう。

カーテンは案外大きな出費になる上、何年かに1度はクリーニングも必要です。それでもやわらかいあたたかい雰囲気は木のブラインドでも出せないものです。家具の日焼けを防いだり、冬は窓際の冷たい風を、夏場は強い日差しをさえぎってくれます。

そのほか窓のしつらえには、すっきりした表情で、光の量の調節がしやすいブラインド（縦、横型）、ひもでたたみあげていくので1枚の布のようにみえるシェードなど、いくつかの選択肢があります。部屋全体のイメージづくりとともに、自分で洗える生地かどうかなど、メンテナンスのことも考えておきましょう。

ボイル地のカーテン
キッチンの勝手口に夜だけ目かくしになるように、白いカーテンをさげました。カーテンレールの目立たないリボンスタイルです。（小林かなさん）

クッション、ラグで季節感を

ちょっと模様替えをしたいとか、季節感を演出したいというときに、クッションやソファのカバリング、タピストリーやラグなどのファブリックを使うのが、手軽で効果的です。色や柄、光沢の有無、素材感など、無限にえらべますが、冬には肌にあたたかく、色みも赤、黄などの暖色系が心地よく感じられ、夏はさらりとした肌触りの寒色のファブリックが好まれます。

季節にふさわしい変化を楽しみ、床のラグを片づけることで寒い季節の終わりを感じとるのも、心はずむ暮らしのリズムです。

麻ローンの白いクッションで涼しげに。同布でチューリップをアップリケ。（安本十九子さん）

同じ柄のカーテンを
庭側は木製レールにリングで吊るしたドレープカーテン。隣家側は目隠しも兼ねてシェードに。
（加藤道代さん）

interior

光を感じる明かりを楽しむ

光のハーモニー
クリーム色のドレープカーテンでやわらかい雰囲気に。全体照明は天井8カ所のダウンライト。和紙のスタンド、フロアランプなどの補助照明で、立体感を。「人が集まる目的、時間、季節に合わせて明るさに配慮するのは、ホストの役目のひとつです」（小林かなさん）

自然光をとり入れる

室内に差しこむ陽光は、時間により、季節により微妙に明るさや位置を変え、思いもよらぬところに光の筋を見せたりします。窓外からの風景と共に、移ろいゆく光も、忘れてはならないインテリアの要素です。

南からの直射日光だけではなく、北からの安定した柔らかい光は、家具や絵を褪色させることもなく、アトリエなどに生かすことができます。ときには室内の灯を落として月明かりを楽しむのもいいものですね。

夜は陰影を楽しむ

日が落ちてカーテンをひくと、人工の光の時間です。スイッチひとつで昼のようになる現代ですが、ろうそくやランプの時代のような、落ちついた雰囲気はあるでしょうか。部屋中を明るくするよりも、光と闇との対比を用いた方が、もっと夜の暮らしを楽しめるでしょう。

直づけの蛍光灯で全体を照らしている場合も多いようですが、発光面が大きい蛍光灯は、広い面積を均一に照らすため、平坦な印象になりがちです。人が集まる部屋はとくに、フロアランプやロースタンドなど、壁や天井に反射して光を得る間接照明を補うと、あたたかい居心地のよい雰囲気をつくってくれます。

天井がさほど高くない住宅では、必要に応じて使い分けられる部分照明を中心にすること、調光器をとりつけてこまめに明るさを変えるなどは、省エネルギーの面からも考えなくてはならないことでしょう。

新築のプレゼント
この家の玄関に合わせて夫の父が製作したステンドグラス。スリットを通して、淡い光の帯ができます。（池田和子さん）

リビングのドアに
既成のガラス窓などに、あとから絵つけできる樹脂のステンドグラス。庭のばらをモチーフに制作。（千阪司郎さん）

電球の種類

白熱灯
あたたかみのある落ち着いた色。陰影ができやすく、ムーディな部分照明に向く。

電球色の蛍光灯
白熱ランプのようなあたたかみのある発色で、かつ経済的。陰影はできにくい。

蛍光灯
白っぽい均一の光を発し、寿命が長く経済的。雰囲気づくりにはあまり向かない。

年をとるほど手もとは明るく
人は加齢にともない明るさを必要とするようになり、たとえば60代では20代の3倍の明るさがいるといわれます。手仕事や読書をする場所には蛍光灯を補うなどの配慮をしましょう。

玄関に床の間
もともと来客を迎えて観賞する場だった床の間を、思いきって玄関に組みこみました。大胆な構成の現代風のスペース。書は孫の中2のときの作品です。（鎌川季子さん）

撮影　垂見孔士

interior

和の文化を暮らしの中に

和のしつらえとは

この50年ほどで、日本人の生活形態は、大きく変わりました。

和室だけで構成されていた住宅に、ソファや椅子の置かれた〝応接間〟が導入され、いつしかそれが逆転して、和室は客用寝室や予備室として一部に残る形になってきました。

インテリアにおいては、柱、梁《はり》、障子や襖、畳の床によって構成されたシンプルな空間に、可動式の家具を置いて使う、というのが和のしつらえでした。欧米諸国のように、古くから綿々とつづいているスタイルを、そのままの形で受け継ぐのは難しいことです。和のしつらえのエッセンスを、現代の暮らしにどのように引き継ぐことができるでしょうか。

床の間文化を生かして

一例をあげれば床の間をどのように残すか、という問題があります。形だけある床の間が、もの置きと化している家庭も少なくないようです。

床の間の発祥には「宋から伝来した掛け軸形式の絵をかける押板が変化したもの」、あるいは「僧侶が仏をまつり、花、香、灯を置いて拝んだところ」、などの諸説があります。少し前までは、座敷の床の間に絵をかけ、花を生けて訪問客を迎えるのは、ありふれた光景だったでしょう。

専用の来客スペースをとらなくなった現代の住宅では、形にこだわらず、家の中のものを飾る場所、あるいは気持ちがぴりっとする場としてとらえるのはどうでしょう。

和洋折衷の客間
元和室だった部屋を改装。ベージュのカーペットを敷き、洋家具を置いて、来客との語らいの場に。“味”がそろっていると、違和感がなく、かえってくつろげます。（熊丸真理子さん）

床の間の壁の色を明るくし、床も畳と同じ高さにすっきりとつくると、洋画をかけても違和感がありません。土壁や漆喰塗りの壁の場合、天井と壁の境目に木製のピクチャーレールをつけておくと、壁に傷をつけずに絵がかけられます。

床の間のない和室なら、文机（二月堂）を壁の前に置くとそれらしい雰囲気が出ていいものです。そうした場所を、お正月、節分、ひな祭り、端午の節句、七夕、お月見など、行事を演出する場とするのもよいでしょう。

家具と暮らし

洋家具を使う歴史が浅い私たちにとって、家具の選択や使い方の技術は、まだ発展途上のようです。リビングやダイニングといった重要な場所の家具が、セット販売されているのは象徴的ですが、無難にまとめるより、もっと個人の好みを反映してもいいように思います。

狭いリビングで、空間を大きく占めるソファが必要かは考えどころ。やわらかいソファは来客には座りづらく、ダイニングテーブルの方が話がはずむこともあります。すぐもの置きになるセンターテーブルより、必要に応じて並べたり片づけたりできるネストテーブルはどうでしょう。ベッドなら寝心地に加えて、下が掃除しやすいか、マットレスの湿気を逃せるかなど、気候、住宅事情、生活習慣に応じた選択があるはずです。

また、世代を越えて使われてきたような古い家具には、時間がつけてくれたとてもいい色や味わいのものがあります。うまく現代の暮らしに組みこめれば、家族とともに過ごした時間や文化を引き継ぐことにもなります。逆に言えば、これから家具をえらぶとき、次の代にも使えるくらいのものであれば、ということにもなりますね。

座式から椅子やテーブルを使う暮らしへ。私たちが、どのような暮らしのスタイルをつくってゆくかに、お手本はまだありません。

高度成長期を越えてじっくり生活を見直す機運が起きている今こそ、シンプルで心地よい、そしてこの気候風土にふさわしいライフスタイルをつくりだす時期なのかもしれません。

本棚に組みこんで
母が使っていた桐の小だんすを、大工さんに頼んで本棚に組みこんでもらいました。（岡崎直子さん）

小宇宙を楽しんで

ものを飾りたくなるのは半ば本能なのか、小さな子どもはさまざまなものを空いているスペースに並べたてしまったりします。そんなとき、お盆、箱などを渡して、この上に上手に飾ってみましょう、といざなうと、とても楽しんで小さな世界をつくります。

これと同じく、家の中がごてごてしないためには、全体を見わたして、飾るスペースを限ってしまうことです。おさまりきらないものは模様替え用に。季節や来客により入れ替える方がひとつひとつが生きてきます。背景（スペース）があってこそものが映えるのですから。

夏の海をイメージして
流木やガラスの浮き玉、子どもの拾ってきた貝がらを組み合わせて。
（鍋谷うららさん）

クリスマスシーズンの玄関
点滅するライトが、寒い中帰宅する家族をあたたかく迎えます。
（関矢清子さん）

イマジネーションのひろがる空間

ハンドクラフトのあるインテリア

河田ヒロ

'94年から5年にわたりロンドンに暮らす。以後、国内外の出版物でイラストレーターとして活動。著書『イギリス暮らしの雑記帖』では、ハンドクラフトの提案も。『基本の家事』で家事ごよみの絵を担当。

玄関スペースをミニギャラリーに
水彩画、コラージュ、アートポスターなど、近年の額装作品を飾った玄関スペース。小さなギャラリーとして、お客様をお迎えすることもあります。奥の引き出し棚の上は、季節ごとのアレンジメントで遊ぶ、とっておきの場所。

作品制作の場でもある私の部屋。すっきりとした箱（部屋）の中に好きな小ものを散りばめて、いつもイマジネーションがひろがる空間であればと願っています。

小ものはたとえ小石ひとつでも、本当に気に入ったものを配置します。お花を生けるときも、似合う花瓶を注意深くえらぶ。こういう作業をめんどうに思わず心から愉しむことで、自分らしい部屋に少しずつ近づきます。

英国人はＤＩＹやハンドクラフトが大好き。訪ねるたび、一層快適な住まいに変身していて驚かされます。節約も理由のひとつかもしれませんが、ガーデニング同様、何かをつくる喜びを知っているのですね。

美しいものや芸術に気楽に接して、感覚をみがくレッスンも大切です。「これでよし」と思える瞬間が、しだいにつかめるようになってくるから。

そして私の場合、制作の糸口を与えてくれるささやかな景色を室内の一角につくれたとき、何にも代えがたくうれしくなるのです。

靴入れの上は「和」の雰囲気で
中央は押し入れの奥に眠っていた木製の古い釘箱です。左の箒のようなものは、イギリスで見つけた泡だて器。手前には、古布でつくられた京都の匂い袋や針さし、竹ペン、お香など。荒っぽいものと繊細なものをうまく組み合わせることによって、味のある空間が生まれました。釘箱の中の麻ひもはそんな小道具としても、また庭仕事の利便にも、ここが収納の定位置です。

ディスプレイの主役になるレターラック Letter rack

手紙やお気に入りのポストカードはもちろん、ペン、手芸用品、乾燥した植物、アクセサリーなど、気ままに何でもはさめる「見せる収納ボード」です。

玄関の棚のディスプレイ
ランチョンマット１枚分のスペースに、レターラック、お気に入りのお皿、インクつぼやガラスペン、思い出の小石など、箱庭のように並べて愉しみます。ランチョンマットはさまざまな色、素材のものが売られているので、色で季節感を出すのに便利なアイテムです。ひとつ全体を引きしめる色がほしくて、アンティークのジャグに生けた濃い紫のパンジーを添えました。

材料・用具

板　厚さは10～12mmほどが適当。写真のものは約30×45cm

布　板のタテヨコのサイズにそれぞれ15cmずつ加えた大きさのもの。丈夫な布がよいが、あまり厚いと扱いにくいので注意。

キルト芯　布のサイズよりやや小さいもの。厚さによって１～２枚重ねて使用

リボン　しっかりしていて伸縮性のないリボン、9～12mm幅のもの
今回はグログランリボンを3m使用（60cmを2本、45cmを4本）。

飾り鋲　直径11mm程度の家具用の鋲を７個。DIYの店で売っています。

ガンタッカー　ホビー用ホチキス。布や紙を木材に固定できるもの

つくり方

❶ 板にキルト芯、布を重ね、裏側に折り返して画鋲で仮留めしてから、ガンタッカーで留める。

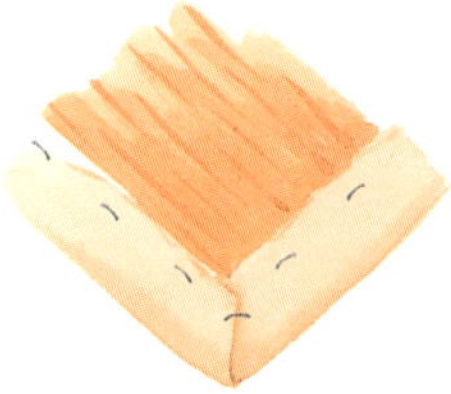

❷ リボンを、ダイヤ柄に交差するようセットする。板のサイズやリボンの幅によって留め位置が微妙に変わってくるので、画鋲を使って裏側で仮留めしていく。ダイヤ柄は正方形でも菱形になってもよいが、各辺の長さが同じになるように、全体のバランスがととのうまで丹念に調整する。リボンの張り具合もそろうようにし、位置が決まったら、ガンタッカーで裏から留める。

❸ 表のリボンの交差部分に飾り鋲を打って完成。

額縁を使ったレターラック
古道具屋で埃にまみれていた金の額縁。裏板とガラスをはずして、上記と同様につくった本体をはめこんでつくりました。このモワレの布でつくったシックなレターラックには、古風で重厚な雰囲気に合うポストカードや写真をえらんではさんでいます。

トロンプ・ルイユ（仏語で「目をだます」の意味）という歴史ある絵画形式の題材にこのラックがよく使われています。細密描写で描かれたラックに、何がどんな風にはさまれているか、画家のセンスの見せどころです。

仕事場兼プライベートルーム

ソファはベッドと兼用。オープンラックとローテーブルはキャスターつきで可動にして、狭い部屋を有効に使っています。フロアランプのシェードには上下に淡いグレーのリボンを巻いて、インテリアになじませました。リボンは気軽にとり替えができるよう、重なり部分を両面テープで留めてあるだけ。田の字に貼ったポストカードは、ブルー系のウィリアム・モリスで統一して、すっきりと。

ウィリアム・モリス William Morris（1834–96）工芸美術家、デザイナー、作家、詩人、そして芸術的な本の装丁家。手仕事の復興を謳ったアーツ・アンド・クラフツ運動の指導者としても知られる。

リボンを手づくりボックスに
日本製の手のこんだリボンは、ロンドンでも評判です。カラフルなデザイン、繊細なリボンの小花……。眺めているだけで、つくりたがり屋がウズウズします。収納に使っているのは、薄手の木綿布を貼ったオリジナル・ボックス。キャラメル包みの要領で箱をくるみ、底にサイズに合わせてカットした布を貼って仕上げます。接着には両面テープを使うと便利。

ロマンチック・サシェ（匂い袋）
細長い布袋を縫い、口を始末せずに内側に深く折りこみます。ポプリを詰めた中袋を入れてリボンを結ぶだけ。ボタンやタッセルをあしらうと、よりオリジナルに。写真はヴィクトリア朝時代をイメージして布えらびをしましたが、好みの余り布で自由につくってください。

ラックの上にやさしい色調で
ガーベラのピンクに合わせてアレンジしたコーナー。貝がらの淡いピンク、バラのポプリの真紅、洋書の茶系、下に敷いたアンティーク・レースでやわらかい空間を演出しました。ピンクは、心を若返らせる効果があるとか。

Rolled beeswax candles

巻いてつくる
ビーズワックス・キャンドル

キャンドルの炎を見ていると、心が落ち着きます。

甘い香りもアロマ・セラピーに。

つくり方

蜜ろうのシートタイプ（＊）を使います。好きな大きさに切ったシートの端に、灯心を寝かせてくるくる巻くだけ。対角線に切って巻くと円錐形、角をつくりながら巻いていくと四角柱、細いものを３本束ねて巻くと３つの火が灯る三角キャンドルに。まわりの小さなろうそくは、アロマ用キャンドルのアルミケースに、ベルベットと金のリボンをぐるりと貼ったもの。接着には両面テープを使います。

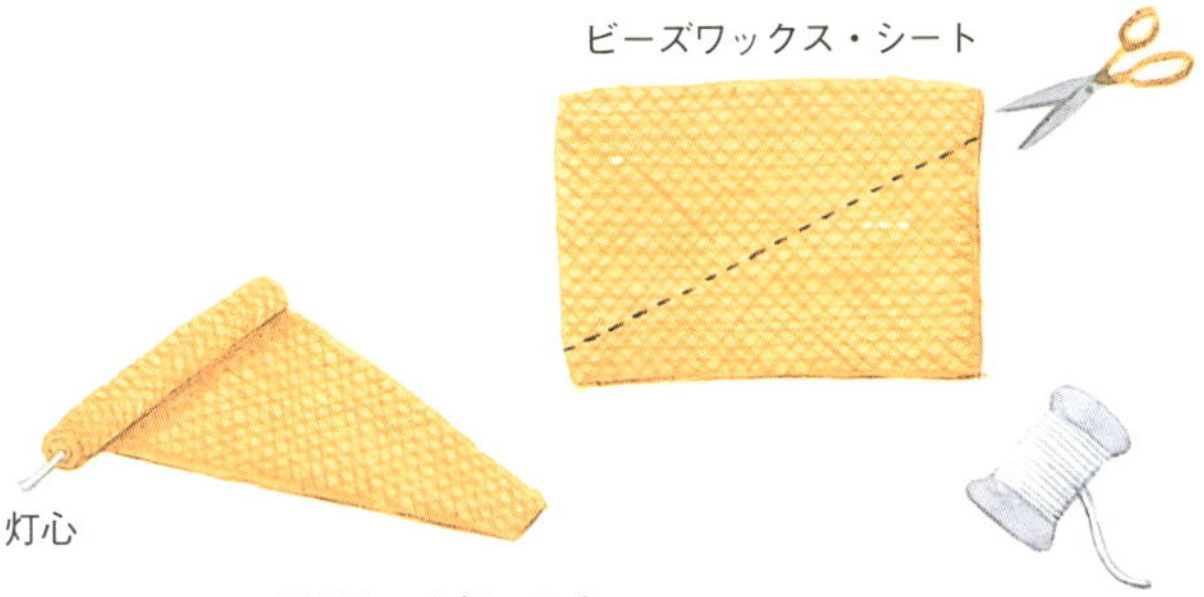

やわらかいので子どもにも扱いやすい。
巻き終わりの端はしぜんにくっつく。

テューダー朝（15世紀半ばから17世紀はじめ）のイギリスでは、ポプリや香りのついたキャンドルが、部屋の悪臭を防ぎ、害虫や病気をよせつけないための必需品でした。家庭の主婦に代々伝えられた知恵が、魔術に頼ったり危険な薬剤を調合する医者の力を上まわっていた時代です。

＊ビーズワックス・シート　インターネットで通販をしているサイトがいくつかあります。国内産は20×35cm（約60g）で500円くらい。輸入品も扱われています。灯心はDIYの店でも買えます。（3m前後の小袋入り）

ボックスフレームで立体的に

宝ものを、厚みのある額に飾るのも愉しいもの。これは古い銀のスプーン。裏板の代わりに、赤い紙を貼って化粧したスチレンボードを使い、裏から細ひもを通してくびれの部分を留めました。

思い出の小もの、ボタンやペン先、小鳥の羽や木の実、小石など、額に入るものなら何でも立派な素材です。ボンドや瞬間接着剤で、好きな紙や布で化粧した裏板に貼りつければ、オリジナルのコラージュ作品に。

また平面の絵も、浮かせてセットすることによって陰影ができ、変化のある額装が楽しめます。2〜3㎜厚さのスチレンボード（板状発泡スチロール）を1cm角にカットして、絵の四隅に貼り裏板に設置。浮かせ具合は貼り重ねて調節しましょう。

ポストカードを飾る

ポストカードは、似た絵柄のものを数枚買うとインテリアの小道具になります。右ページのウィリアム・モリスのカードのように、同じ画家の作品、または「猫」「花」など、ひとつのテーマを決め、いっしょに飾ってみましょう。

カードを壁に直接貼るときに便利なのが、粘土状のブルータック（＊）という接着剤。適量を指で練り、四隅につけて壁へ。くり返し使えるのがうれしい。

＊ブルータック(Blu Tack)。20gで300円くらい。DIYの店、またはインターネットの通販で。

古い植物画のポストカードを田の字に並べて

猫のカード。画風もタテヨコも違うけれど、しっくりおさまる

「自分らしくあるための椅子」を探そう

家具をえらぶ、家具とつきあう

須長壮太郎
プロダクトデザイナー／北欧建築デザイン協会理事

北欧の生活工芸運動

私が七年あまり過ごしたスウェーデンは、短く美しい夏と単調で無彩色の暗く長い冬が訪れます。そうした自然環境の中では、インテリアは大きな意味を持っています。まず人々は心休まる生活を大切にしながら、光をより多くとり入れ、色彩に対して敏感で、生活環境の大きな要素となる椅子などには繊細な配慮が感じられます。

こうした意識が育った背景には、スウェーデンを中心に一九〇〇年代のはじめ頃から進められてきた『より美しい生活用品を日常生活の中に』といった、生活者のために、実用的で細部にわたって配慮された品をえらぶ活動がありました。

その結果、人々に有益なモノを見分ける一定の基準が育ち、生活の場である家庭環境が居心地のよい空間となって今日につづいていると言えます。ですから今日、彼らが家具をえらぶ時、それが新品の家具や話題のデザインであっても、代々使われてきた椅子や手持ちの家具とともに上手にアレンジします。

また、色彩や素材に日本人と共通した感覚があるようで、同じグレーでも日本の「利休ねずみ」や「銀ねず」、「墨色」と同様に、いくつものグレーが存在したり、白木の木部の時間の変化を楽しみます。

生活の道具としての椅子

生活空間はそのしつらえのセンス（感性）により、そこに生活する人々の優しさや生活感を伝え、また訪れる人を居心地のよい雰囲気の中に迎え入れます。われわれの風土は四季がめぐり、湿気を含んだ空気が包む室内には、独特の味わいがあります。また、空間に使われてきた仕上げの素材にも、美しい表現が見られます。障子を通して差しこむ光や木々の陰などは、静的な落ち着きのある日本独自の空間をつくり出してきました。

日本の今の生活の中で「自分らしく生活するための道具」として、いかに椅子を選択するかについて考えてみましょう。第一番目のステップは、その椅子の置かれる空間をどのようにあなたが計画するかです。それは現在の生活空間のモダンな感覚と、大切にしてきた思い出の品々を自分でアレンジすることかも知れません。

椅子は、人の手にふれるもっとも身近な道具であり、生活空間の中での存在感が大きく、

スウェーデンの友人の家のしつらえ。基本となる空間はシンプルに、同じ素材と色で統一。モダンなものと、昔ながらの手仕事のあたたかさがある裂き織のマットとの対比で新鮮な空間をかたちづくっている。撮影 飯貝拓司

空間の質や住まい手のキャラクターをいちばんに表現するものです。

座り心地や強度、価格、品質、デザインを考慮するのはもちろんですが、自分らしい椅子と出合ったときに、その椅子の発するメッセージをどう受けとめるか——あなたにとって心地よい印象と、美的な性格を見分けることが重要でしょう。

使い手が完成させる家具

これまでデザイナーは常に現代と言うキーワードを持った新しいデザインを創造してきましたが、私は最近、ある素材と出合いました。それはドイツで生産され、植物タンニンだけで鞣《なめ》された皮革で、陽光に日焼けし、手の油も簡単についてしまう非常にデリケートなものです。しかし、そこに素材の持つ魅力を感じて、植物オイルで仕上げたブナ材と組み合わせました。使いこんでいくうちに皮革はやがてあめ色に変わり、木部にも風合いがでてきます。言いかえれば、この椅子は完成を使い手にゆだねた椅子とも言えます。

モノは生産された時点が最も美しいと思われがちですが、使いこむうちに使い手によって独特の味わいがでてくるものです。このような、経年変化の魅力を含めて選択することも、ポイントのひとつとなりましょう。

家具はひとつひとつ手でつくられるものもあれば、機械によって量産されるものもあります。手づくりだからとか、無垢材だからとかではなく、「自分の生活環境に楽しさや潤いを与えてくれるかどうか」を基準に選ぶべきでしょう。

気に入った椅子が見つかるまで半年や一年待つつもりで、見極めてください。もしかすると生涯つきあう相手かも知れないのですから。

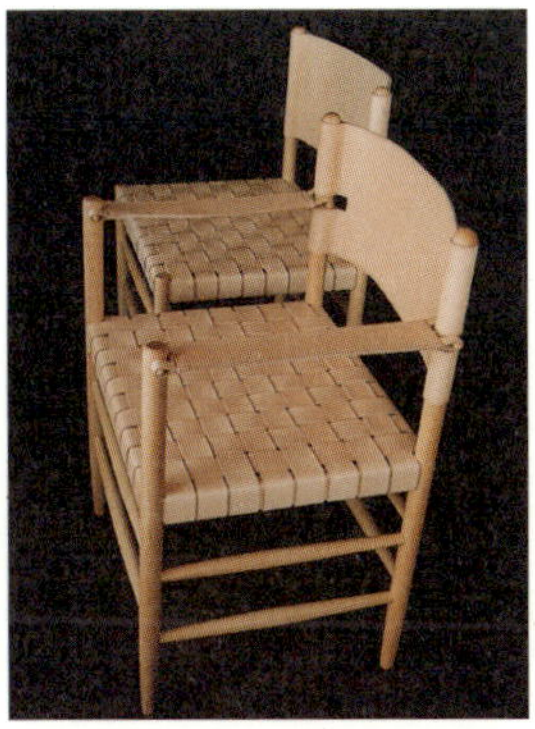

須長氏デザインの「MAKIチェア」。シートはドイツで植物タンニンなめしを施した、牛の「ヌメ革」。フレームは無垢のブナ材を植物オイルで仕上げたもの。

生活から生まれ、生活に働きかけてゆくもの

住空間に美しさと個性を

金子紀子
自由学園工芸研究所

研究所の誕生
バウハウスの流れを汲んで

今日、女性が工芸製品のデザインや制作にかかわることは珍しいことではありません。けれど、一九三一年、工芸研究所の創設メンバーである二人の女性が渡欧した頃は、日本国内ではまだ、生活の中に工芸を生かし、創り出すということに目が向けられていませんでした。

二人は、チェコとベルリンにあるバウハウス初期の指導者、ヨハネス・イッテンが開いた芸術学校「イッテンシューレ」で造形芸術を学び、またその間、国内では同級の友が織物、木工、染色などの専門技術を研修し、二十名の自由学園女子部卒業生によって工芸研究所は創設されました。

「人々の生活のために、その美しさ、豊かさ、進歩のために」のことばを掲げ、女性の心と手による日常生活のための工芸の創作をめざし、今日まで、制作、指導、共同研究を進めています。

住空間と生活工芸

時代の流れの中で「家」「住」に対する人々の考え方は変化しました。世界中のものをかんたんに見たり、手に入れたりできるようになったことも影響しているでしょう。

しかし本当の豊かさとは何でしょう。ものを多く持つことではなく、シンプルで、その人らしく生活する、その姿を表し、精神と暮らしの文化を表現するような「もの」が求められているように思います。

「工芸といい、デザインというものは人間本性の要求する二つのもの――一方は生活の実用のため、一方は内面生活の必要とするもの――を一つの物体の中に結合させる仕事です」と、創設メンバーの一人、山室光子は書いています。

それぞれの個性と感性、磨かれた技術の上に、住空間の中に置かれた光景を想像したり、使われるときのことを考えて創作していくことは、その人の喜びでもあり、豊かな成長のための大切な要素でもあります。手でつくるのが好きだからといって、本当に必要ではないものをつくり、必要でないときに使うのでは、生活工芸とはいえません。

たとえば巡る四季を表現すること――冬には奥深い温かさ、春には芽吹きとともに心も明るく部屋のインテリアを変えてみたくなり

初夏へ
ブルー系のクッション、ラグ、ガラスの花びんや小もので涼しさを。
（制作品　手織クッション、ラグ、布貼りスツール、センターテーブル、口の字家具、陶器のテーブルランプ、壁の装飾 ―シルクの夾結染め）

ます。そんなとき、そのしつらえを支えるような作品を制作してみてはどうでしょうか。
　工芸は夢の表現であり、夢は日常生活を基に育つもの。家の中にある、家具やファブリック、生活用品などの中に、そのように生み出されたものはあるでしょうか。私たちの暮らしと成長を支えるそれらのもののつくり手たち、そしてそれを使う人たちが、健康で豊かな生活ができるように、と願っています。

＊バウハウス　1919年に設立されたドイツの国立美術学校。工業技術と芸術の統合をめざし、現代建築・デザインに大きな影響を与えた。33年閉校。

冬のしつらえ
寒い季節、家に入ったときホッとするように、赤をきかせた配色です。ウール地の手織ラグとクッション、センターで、あたたかみのある雰囲気を。
（そのほかの制作品　センターテーブル、ロの字家具、陶器のテーブルランプ）

制作品から

Bless this house
O Lord I pray
Keep it safe
by night and day

壁掛・祝福
銅版に銀仕上げのプレートを、天然木の板に。
訳詩
主よこの家を祝福し
昼も夜も　安らかに守りたまえ

キャンドルスタンド
ろうそくを立てるだけでなく、本やメモを立てたり、小さな器を入れて草花を活けるなど、日常のさまざまな場面で活用できます。
（銅に銀仕上げ）

フォトスタンド
板ガラスにサンドブラスト加工された模様入り。縦横自在に使えます。

●協力
全国友の会
（http://www2.ocn.ne.jp/~zentomo/）

●アートディレクション
池口直子

●デザイン
久保田祐子

●表紙イラスト
信濃八太郎

●イラスト
やまだやすこ
松村達男（p.124-126）

●撮影
境野真知子（本社）
明石多佳人（本社）

シンプルライフをめざす 整理 収納 インテリア

2004年5月25日 第1刷発行
2004年10月15日 第5刷発行

編者 婦人之友社編集部
発行所 婦人之友社
〒171-8510 東京都豊島区西池袋2-20-16
電話 03-3971-0101
振替 00130-5-11600
印刷 大日本印刷株式会社
製本 株式会社若林製本工場

乱丁・落丁はおとりかえいたします

ISBN4-8292-0467-2